湖北省学术著作出版专项资金
Hubei Special Funds for Academic Publications

# 梅光羲唯识论著集

唯识学丛书

梅光羲 著

长江出版传媒 | 崇文书局

## 图书在版编目（CIP）数据

梅光羲唯识论著集 / 梅光羲著 .
—武汉：崇文书局，2019.9
（唯识学丛书）
ISBN 978-7-5403-5613-2

Ⅰ. ①梅…
Ⅱ. ①梅…
Ⅲ. ①唯识论－文集
Ⅳ. ①B946.3-53

中国版本图书馆 CIP 数据核字 (2019) 第 172145 号

2015 年湖北省学术著作出版专项资金资助项目

我思

敢于运用你的理智

## 梅光羲唯识论著集

出　　品　崇文书局人文学术出版中心 · 唯识学小组
策 划 人　梅文辉 (mwh902@163.com)
责任编辑　梅文辉
装帧设计　甘淑媛
出版发行　长江出版传媒 | 崇文书局
地　　址　武汉市雄楚大街 268 号 C 座 11 层
电　　话　(027)87680797　邮政编码　430070
印　　刷　武汉精一佳印刷有限公司
开　　本　880mm×1230mm　1/32
印　　张　6.5
字　　数　145 千
版　　次　2019 年 9 月第 1 版
印　　次　2019 年 9 月第 1 次印刷
定　　价　68.00 元

(读者服务电话：027—87679738)

我思

敢于运用你的理智

唯识学乃佛学中最精细、最系统的学说。“唯”乃“不离”之意，万法唯识即万法不离意识，其对意识结构及由意识所构造的世界之剖析，可以说是对宇宙和人生给出了最彻底且理性的解释。

唯识学在近现代中国的思想潮流中发挥了重要的作用。近现代的大学者大多重视唯识学，并借助其理论来构建自己的思想体系。如章太炎的得意之作《〈齐物论〉释》，以唯识学的义理来解《齐物论》；熊十力的代表作《新唯识论》，以批判唯识学来建立自己的新儒学。

唯识学与西方的科学、心理学和哲学等最易沟通。面对近代以来的西学大量传入，思想界高举唯识学的旗帜，正是因为唯识学思辨、理性、逻辑、系统的特征可与西学有效对话。而20世纪西方哲学中最有生命力的“现象学”，与唯识学更是达到了理论共鸣。

鉴于唯识学本身的理论透彻性、其在历史上的重大影响及在当代社会中的理论生命力，我们特策划此“唯识学丛书”，相关图书将陆续分批出版。

# 目　录

# 《法苑义林章·唯识章》注

《法苑义林章·唯识章》，唐大慈恩寺沙门窥基撰。

《唯识义章》略以十门辨释：

一出体，二辨名，三离合会释，四何识为观，五显类差别，六修证位次，七观法何性，八诸地依起，九断诸障染，十归摄二空。

# 一、出体

第一出体者，此有二种：一所观体，二能观体。所观唯识，以一切法而为自体，通观有无为唯识故。

言“一切法”者，《对法论》云，一切法者，即三自性，谓遍计等。

问：何以得知总三性法为唯识体？

答：《唯识论》云，谓唯识性略有二种：一者虚妄，谓遍计所执；二者真实，谓圆成实。复有二种：一者世俗，谓依他起；二者胜义，谓圆成实。

问:《中边论》云，一切法者，谓诸有为及无为法。今若依之，有何过失？

答：有为、无为，唯限依、圆二性。今所观境，广通三性，故不应依《中边论》文也。

略有五重。一、遣虚存实识。观遍计所执，唯虚妄起，都无体用，应正遣空，情有、理无故；观依他、圆成诸法体实二智境界，应正存有，理有、情无故。

此标遣虚存实观也。一切异生于遍计所执起有执，于依他、圆成起空执。今以空观遣有执，以有观遣空执也。圆成是正智之境，依他是后智之境，故云二智境界。虽加行智亦缘二性，今显存实，故言二智境界，以有漏智不证实，故不言三智也。

无著颂言："名事互为客，其性应寻思，于二亦当推，唯量及唯假。实智观无义，唯有分别三，彼无故此无，是即入三性。"

此引教以证遣虚存实之义也。所引有二，《摄论》与《成唯识论》是也。此是第一，引《摄论》文也。初半证遣虚义，次半及后一行证存实义也。

此颂大意者，无性释云：

"名事互为客，其性应寻思"者，谓名于事为客，事于名亦尔也。

"于二亦当推，唯量及唯假"者，谓于自性及差别中亦当推寻唯有分别、唯有假立也。

言"实智"者，谓从寻思所生四种如实遍智也。

"观无义"者，谓观其义，本来无有。

"唯有分别三"者，谓唯有三种分别也。即名分别、自性假立分别、差别假立分别是也。

"彼无故此无"者，谓义无故，观此三种分别亦无也。

"是即入三性"者，如上所说，即是悟入三种自性。谓初颂前半，观名与事更互为客，即是悟入遍计所执自性；初颂后半，观彼二种自性差别唯有分别、唯有假立，即是悟入依他起自性；第二颂中，即是悟入圆成实自性也。

四寻思者，一名寻思，二义寻思，三自性假立寻思，四差别假立寻思也。四如实智者，一名寻思所引如实智，乃至四差别假立寻思所引如实智也。

问：此四智者，其体如何？

答：其体即是别境中慧，今随义异立四名也。

问：量者何义？

答：泰法师云，量者分量，心用分限故。

问：假者何义？

答：假者，虚疏之义也。

问：约假，有一种假、二种假等。今言假者，约何假耶？

答：是约一种观待假，待名言故。

问：何故双观唯量、唯假？

答：为除二种执。谓观唯量，遣心外执；观唯假，遣实有执也。

问："实智观无义"者，其义云何？

答：廓法师云，名、义、自性、差别皆是心之所缘境故，以境界义名义也。

"唯有分别三"者，谓无所执之名等四境，唯有能迷之执心三种分别也。

问：何为名分别等？

答：缘名之能缘之心，名名分别。缘自性假立之能缘之心，名自性假立分别。缘差别假立之能缘之心，名差别假立分别也。

"彼无故此无"者，"彼"者，指心外名、事、自性、差别一切境义也广此"者，指能缘三分别心也。无彼所执之境义故，亦无此能执之三分别心也。故论云，既无实境离能取识，宁有实识离所取境？所取、能取相待立故。

《成唯识》言，识言，总显一切有情各有八识，六位心所所变相见分位差别，及彼空理所显真如。

此是第二引《成唯识论》文，以证遣虚存实义也。

初引识言证存实义，次引唯言证遣虚义。今即初也。

《成唯识论》云，汝应谛听！若唯一识，宁有十方凡圣、尊卑、因果等别？谁为谁说何法何求？故唯识言有深意趣。疏云，一切有情各各有八识、遍行等六位心所，各各自体分及此所变相见二分，及色心分位、二十四不相应等，及彼二无我空理所显真如。意云，识言所表，凡有五类：一、八识心王自体分；二、六位心所自体分；三、心王、心所所变相见二分；四、前三分位不相应法；五、于前四法观遍计所执，以空为门所显之空理也。初四俗事，是依他也；后一真理，是圆成也；即显所存二性有也。

识自相故，识相应故，二所变故，三分位故，四实性故。

此释上五名唯识之故也。疏云，所以许有识自体者，识自相故；许心所者，识相应法故；许见、相分者，即心及心所二体所变故；许不相应法者，即前三种分位故；许真如者，即前四种实性故。如是五法皆不离识，总名为识，非无心所等。

问：无漏种子，五种之中何所摄耶？

答：《演秘》云，识自相摄，不离第八识自体分故。

如是诸法皆不离识，总立识名。

唯言，但遮愚夫所执"定离诸识实有色等"。如是等文，识证非一。

问：其所遮色等者，等取何物？

答：等取心、心所、不相应、无为也。即遮遣遍计所执，五法事理唯虚妄起，体用都无也。

由无始来执我法为有、拨事理为空，故此观中，遣者空观，对破有执；存者有观，对遣空执。

此明遣虚存实观之所由起也。所以有此初重观起者，由诸有情无始以来执遍计我法为有、拨真俗事理为空，是故最初遣彼迷执，令知法性，故初用此观也。

问：有执、空执者，何耶？

答：有执者，增益执；空执者，损减执也。一念之中有遣虚存实之义，盖一念观中，空遍计所执是破增益执也，存依、圆二性是破损减执也。

问：空遍计之时，增损二执并已破矣，何更有存实之处可云破损减耶？

答：此难不然。遣与存，若分前后者，实可如汝所难。今是一念之观不分前后，有何不可遣虚存实耶？"遣者空观，对破有执"等者，此明观行之功能也。

今观空有而遣有空，有空若无，亦无空有。

此正明观意也。依所治病有"有"与"空"，约能治药可有"空""有"。若所治病无增损者，应能治药亦无遣存。《义演》云，今观空有而遣有空者，观空遣实我等，观有遣事理空也。

以彼空有相待观成，纯有纯空，谁之空有？

迷悟相对，方成观行。若纯迷无悟，若纯悟无迷，谁之迷悟？

故欲证入离言法性，皆须依此方便而入。

若欲引起无分别智，证得真见离言真如，要先于资粮及加行位中，修此遣虚存实观也。

非谓有空皆即决定，证真观位非有非空，法无分别，性离言故。

此遮执之言也。诸法体性，言语道断，非是定有，亦非定无。一切言诠，但是世俗虚妄施设。何以知者？证真实位，一切诸法非有非空，离诸分别，性离言故。

问：若尔，如何有为、无为名为有，我及我所说为无？

答：今约法体诠言不及，且言有无皆不决定。然有为、无为二智境界，其体即有，不同遍计体用都无也。

说要观空方证真者，谓要观彼遍计所执空为门故，入于真性，真体非空。

此通伏难也。难云，若言“证真观位非有非空”者，何《般若经》说要观空入证真理耶？会之云，《般若经》云观空入真者，由能显空以为门故，人于真性，非真体空。如《广百论》云“圣智所证，非有非无，而有而无”，即其意也。

此唯识言，既遮所执，若执实有，诸识可唯，既是所执，亦应除遣。

此亦遣执之词也。意云，为遣妄执心、心所外实有境故，说唯有识；若执唯识真实有者，如执外境，是亦法执，故亦应遮之也。

此最初门所观唯识，于一切位思量修证。

此明修遣虚存实观之地位分齐也。意云，此最初观，地前位中思量，地上位中修行，于究竟位证之。地前位中，虽加行位亦有修慧，然以时短故不说有；见道位中，虽有所证而未圆满，故不说之。又云，资粮位唯有思量无修证，加行位唯有修，见、修二道唯有修证，佛位唯有证。

二、舍滥留纯识。虽观事理皆不离识，然此内识有境有心，心起必托内境生故，但识言唯，不言唯境。

“有境有心”等者，总相而言，五法事理中，心、心所法为心，缘虑性故；余三为境，非缘虑故。若细论者，相分为境，后三分为心。心起必托此内境生，境是为因，能生心果，故摄境从心、摄因从果，但心云唯，不言唯境。

《成唯识》言，识唯内有，境亦通外，恐滥外故但言唯识。

证此重义，引四证文。此是第一，引《成唯识论》文也。此文意者，疏云：外人难内境与识既并非虚，如何可言唯识非境？论答有二，初云识唯内有，境亦通外，即境相分内是依他、外是遍计所执。以非心所变法说之为外，非体实有名外，恐心内之境滥心外之境故，但言唯识。

又诸愚夫迷执于境，起烦恼业生死沉沦，不解观心，勤求出离，哀悯彼故说唯识言。

谓诸愚夫由迷执故耽着外境，起无明等造诸恶行，受诸苦果。若解自心之所变现，则可断二重障、得二胜果。

今自观心解脱生死，非谓内境如外都无，由境有滥舍不称唯，心体既纯留说唯识。

“今自观心”等者，谓成立唯识为令有情观唯心理、解脱生死、证得涅槃也。“非谓内境如外都无”者，《成唯识论》云“唯言遣外不遮内境，不尔，真如亦应非实"，正与此文同也。"由境有滥"等者，释此重立名之所以也。

《厚严经》云："心意识所缘，皆非离自性，故我说一切，唯有识无余。"

谓第八心、第七意、余六识之所缘者，皆自心为境。佛言，有如是理故，我说一切有为、无为皆唯有识，无余实心外境也。

《华严经》说："三界唯心。"

《成唯识论》云，如契经说三界唯心。疏云，三界唯心即《十地经》第八卷第六地文，《华严》所说。《演秘》云，案彼经第十九颂云：

譬如工画师，不能知自心，而由心故画，诸法性如是。
若人知心行，普造诸世间，是人即见佛，了佛真实性。
若人欲了知，三世一切佛，应观法界性，一切唯心造。

《遗教经》言，是故汝等当好制心，……制心一处，无事不办等。

此经既云制心，不云制境，故能证成唯心也。此经原文云：

汝等比丘，已能住戒，当制五根，勿令放逸，入于五欲。……此五根者，心为其主，是故汝等当好制心。心之可畏，甚于毒蛇、恶兽、怨贼、大火，越逸未足喻也。……动转轻躁，但观其蜜（原作于密），不见深坑。譬如狂象无钩、猿猴得树，腾跃踔踯，难可禁制，当急挫之，无令放逸。纵此心者，丧人善事。制之一处，无事不办。是故比丘，当勤精进，折伏汝心。

此经释论云，示现此心三昧障法故等。三昧有三种：一、无二念三昧；二、调柔不动三昧；三、起多功德三昧也。障法有三种：一、心性差别障；二、轻动不调障；三、失诸功德障也。

问：其障与治相对如何？

答：心性差别障者，如经云“心之可畏甚于毒蛇”等，即以无二念三昧治之，如经云“制之一处”是也。贪、瞋、痴、邪见种类非一，故云差别障。观一心之理，令其不起，故云以无二念三昧治之也。轻动不调障者，如经言“动转轻躁”，犹如猿猴，即以调柔不动三昧治之，如经云“当勤精进，折伏汝心”是也。掉举、散乱，其性轻动，易缘易解，依止定数分位轻安令不倾动，故云以调柔不动三昧治之也。失诸功德障者，如经云“纵此心者，丧人善事”，即以起多功德三昧治之，如经云“无事不办”是也。依心起恶，依心生善，转灭依心杂染之种，转得依心清净之德，故云以起多功德三昧治之也。

皆此门摄。

三、摄末归本识。心内所取境界显然，内能取心作用亦尔。此见相分俱依识有，离识自体本，末法必无故。

“心内所取”乃至“作用亦尔”者，审定前第二重也。“此见相分”乃至“末法必无故”者，正标此重意也。

《三十颂》言：“由假说我法，有种种相转，彼依识所变，此能变唯三。”

证此重义，引二证文，谓《成唯识论》及《解深密经》也。今初，引《成唯识论》云，“彼依识所变”等者，证摄末归本之义也。此文意者，疏云，上之二句答难破执，下之一句意标论宗、结归唯识。

问：“由假说我法”意者，其义云何？

答：论云，愚夫所计实我实法都无所有，但随妄情而施设故，说之为假；内识所变似我似法虽有，而非实我法性，然似彼现故说为假。

问：此义云何？

答：凡约假义，有二相对。初相对中亦有二：一、无体随情假；二、有体施设假。后相对中亦有二：一、以无依有假；二、以义依体假也。今此论中，愚夫所执说之为假者，此无体随情假与以无依有假也；内识所变故说为假者，此有体施设假与以义依体假也。

问：云何名无体随情假等？

答：疏云，假有二种：一者，无体随情假。多分世间外道所执，虽无如彼所执我法，随执心缘亦名我法，故说为假。二者，有体施设假。圣教所说，虽有法体，而非我法，本体无名，强名我法；不称法体，随缘施设，故说为假。

问：此义云何？

答：疏云，第一解云，说为我法，而体是无随情说假，设体虽有不称为假，我法二假乃属于说，唯假言说以为我法，彼体都非。《灯》云，第一解云，彼体都非者，此意释云世间我法说所执相以为我法，我法本无，唯只言说。圣教虽说所缘见相蕴等诸法以为我法，蕴等实非若我若法，但唯有言，故云乃属于说。

问：云何名为以无依有假等？

答：疏云，第二解云，世间所执我法体无，依识所变妄情为缘而起于执，妄情所执是世间我法。然体无故，以无依有依内妄情说为我法。圣教所说，我法二种依识体上有我法义，义依于体，别依于总，依有体法说为我法，即说所执能计之情及所诠之法，皆识所变，以为我法。

问：此义云何？

答：疏次第二解云，以无依有，世间说情以为我法；以义依体，圣教说体以为我法；假我及法不在于实，以所执为若我法故。《灯》云，第二解云，以所执为若我若法者，此意释云，世说我法，乃随自情执我法之解以为我法，无彼所执我法可说，以我法无依内情有，以无依有故但执情；圣教所说，依识等上有我法义，义依于体，即义是别，识体是总·以别依总，故说别义以为我法，名义依体，此既说义以为我法，故不在言，有彼体义为所说故。

问：何故世间必说我法耶？

答：疏云，由无始来横计我法分别心故，熏习本识后后遂有相见分生。愚夫不了此唯内识，依之妄计有实我法。我法实无，随彼妄情所执之相名为我法，故知世间所执我法，是假非实。故经颂云，如愚所分别，外境实皆无，习气扰浊心，故似彼而转。

问：所云“后后遂有相见分生”者，其义云何？

答：《演秘》云，问：相见二分发于无始，云何后后方遂有耶？答：约更增说，如《法华》言“来入此宅”；邑法师答云，虽实未熏，前前已有，犹如说蕴从取而生，约义说故。

问：何故圣教必说我法耶？

答：疏云，圣者依此内识所变若相若见，为起言论断染取净，引生真见，假为立名，说为我法。法体实非若我若法，故知圣教所说我法亦假说也。是故经言，为对遣愚夫，所执实我法，故于识所变，假说我法名。

问：颂第二句云“有种种相转”，其义云何？

答:论云,我种种相,谓有情命者等、预流一来等;法种种相,谓实德业等、蕴处界等;转,谓随缘施设有异。疏云,相谓相状,转是起义。相起非一,故名种种。

问:颂第三句云“彼依识所变”,其义云何?

答:论云,彼相皆依识所转变而假施设。

问:此义云何?

答:是答外问之词也。故疏云,外复问云,有实我法可依假说,我法实无,假依何立?第三句云,彼我法相依内识等所变相见而起假说,非依离识实有我法而起假说,但依内识所变相见而假说故。

问:第四句云“此能变唯三”者,其义云何?

答:论云“谓异熟思量,及了别境识”。疏云,一谓异熟识,即第八识。(一)变异而熟。因变异时果方熟故。此义通余,种生果时皆变异故。(二)异时而熟。与因异时果方熟故。今者大乘约造之时非约种体,许同世故。(三)异类而熟。与因异性,果酬因故。二谓思量识,即第七识。思谓思量,量谓量度。思虑第八,度为我故;又恒审思量,余识无故。三、了别境识,即余六识。《二十论》说,心、意、识了,名之差别。了是诸识之通名也。了别别境及粗显境,唯前六故,对此六尘说六识故。

《成唯识》说,变谓识体转似二分,相见俱依自体起故。

此是护法菩萨释前颂中“依识所变”之文也。疏云,此释变义,此论一宗有二释,此即初释。护法等云,谓诸识体,即自证分似相见二分而生。此说识体,是依他性;转似相见二分非无,亦依他起。依此二分执实二取，圣说为无，非依他中无此二分。论说唯二依他性故，此除真智，缘于真如无相分故。不尔，如何名他心智、后得智等？不外取故，乃至许有相见二体性者，说相见种或同或异。若同种者，即一识体转似二分相用而生；如一蜗牛变生二角，此说影像相见离识更无别性，是识用故。若言相见各别种者，见是自体义用分之，故离识体，更无别种，即一识体转似见分别用而生，识为所依转相分种，似相而起，以作用别，性各不同，故相别种，于理为胜，故言识体转似二分。此依他起，非有似有，实非二分，似计所执二分见相，故立似名。若无自证，二定不生。如无头时，角定非有；及无镜时，面影不起。皆于识上现相貌故，故说二分依识体生。

问：依他二分似所执二分现者，八识中何识二分耶？

答：八识皆有二分也。

问：第六、第七二识执我法故，似所执二分现耳；五、八识无执，何亦似所执二分现耶？

答：第六、第七二识分别熏习我法力故，诸识二分生时皆似实我、实法所执二分现也。故论云，我法分别熏习力故，诸识生时变似我法。

《解深密经》说，诸识所缘，唯识所现。

此是《解深密经》之文，为证摄末归本义故，引此文来也。此经第三《分别瑜伽品》云，慈氏菩萨复白佛言：世尊！诸毗钵舍那、三摩地所行影像，彼与此心当言有异、当言无异？佛告慈氏曰：善男子！当言无异。何以故？由彼影像唯是识故。善男子！我说识所缘，唯识所现故。

问：此经文意云何？

答：《唯识疏》云，此意，汝谓识外所缘，我说即是内识上所现，无实外法。

摄相见末归本识故，所说理事真俗观等皆此门摄。

此释《解深密经》之意也。无性云，我说在外识所缘境唯是内识之所显现，即是所缘境识为自性义。

四、隐劣显胜识。心及心所俱能变现，但说唯心，非唯心所，心王体殊胜，心所劣依胜生，隐劣不彰，唯显胜法。

虽心、心所各自体分变似相见二分显现，然诸教中但说唯心，不言心所者，心是所依，为主胜故，心所是能依，如臣劣故，隐劣心所、显胜心王故，但言唯心，不言心所也。

故慈尊说：许心似二现，如是似贪等，或似于信等，无别染善法。

此是弥勒菩萨所说之《庄严论》颂文，为证隐劣显胜之义故引此文也。《成唯识论》有二释，第一释云，心所依心势力生故，说似彼现，非彼即心。疏云，以诸心所依心方起，依心势力生故，说心似彼贪信等现，非说彼心所体即谓是心，遂言无有别染善法等，除此心所似贪等法无别心外实染善法，非谓所似贪等亦无。

问：此文之意云何？

答：论及疏意云，心所与心王别体，然言心王似心所现者，心所如臣，依心王势力生，故云心王似心所现，非谓心王即心所也。

问：颂中所云似二现、似贪等，上下似言有何差别？

答：疏云，似有二义：一、无别体，由心生故，说之为似，变似二分现者是也。二、虽有别体，由心方生，为依胜故，说之为似，即贪等是。今颂总言似者，通此二故，非一为例。《义演》云，总取二义名似，非取一义为例，名为似也。

论第二释云，又识心言亦摄心所，恒相应故。疏云，《庄严论》言，许心等者，亦摄心所，以恒相应故。

问：论二释十，何释可为此重之证？

答：二释俱可为证。意云，初释云心所依心势力生故，既标心王胜、心所劣，隐劣显胜，其义已明。后释云，又识心言亦摄心所，又标心王胜、心所劣，隐劣显胜，义亦明也。故知二释，俱可为证也。

虽心自体能变似彼见相二现，而贪信等体亦各能变似自见相现，以心胜故说心似二，心所劣故隐而不说，非不能似。

此释《庄严论》颂也。

问：此文与论二释中，何释同耶？

答：正与第二释同也。

无垢称言，心垢故有情垢，心净故有情净等。皆此门摄。

此是《维摩经》文，为证隐劣显胜义故引之也。

此是优波离尊者为犯律人说法之时，维摩诘呵优波离之言也。新译《说无垢称经》云，心杂染故有情杂染，心清净故有情清净。彼经疏云，心谓第八识，有情谓五阴假者，此依彼心而假建立。第八若是有漏杂染所摄，能依假者亦是杂染；第八若是无漏清净所摄，能依假者亦是清净。

《成唯识论》云，谓染净法以心为本，因心而生依心住故，心受彼熏持彼种故。疏云，染净诸法以心为本者，谓有漏无漏、常无常、有为无为、染净之法皆以本识为本，故云心染情染、心净情净也。

因心而生者，谓有为现行法皆因种子心而生也。依心住者，谓有为现行法皆依现行识而住也。心受彼熏者，谓本识现行受染净有为法现行之熏也。此释上文依心住故也。

持彼种者，谓本识现行持彼有为法之种子也。此释上文因心而生也。

随心染净，有情染净者，即以所生能依之法和合假者为有情也。

五、遣相证性识。识言所表具有事理，事为相用遣而不取，理为性体应求作证。

识言所表具有五法，谓识自相等，五中前四事，后一理。今遣事相用证理性体，即显遣二性、证圆成也。

《胜鬘经》说自性清净心。

为证遣相证性义故，引此文也。此是《胜鬘师子吼一乘方便经》中自性清净隐覆章文也。此文不取染净依他起性，唯说真如性，离诸染污，诸法中实心之本体。

《摄论》颂云：于绳起蛇觉，见绳了义无。证见彼分时，知如蛇智乱。

此颂本是陈那菩萨所造《解拳论》之文也。彼论正文云：于藤起蛇智，见藤则无境，若见藤分已，藤智如蛇智。

今所引者乃是《摄论》第六卷之文，即是无性菩萨所改正之文也，即是《摄论》中悟入三性之文也。悟入初二性是相似观，悟入后一性是实证观也。

问：此文之义云何?

答：无性云，如依绳觉，舍于蛇觉；如是依止唯识显现依他起觉，舍于六义遍计执觉；如依色等细分之觉，除遣绳觉。如是依止圆成智觉，遣依他起迷乱之觉。

此中所说起绳觉时，遣于蛇觉，喻观依他遣所执觉，见绳众分遣于绳觉，喻见圆成遣依他觉。

此引无性之意，以释前之颂文。

问：此义配位释之如何?

答：暖、顶二位，依能取识观所取空，少分悟入遍计所执。中忍之位观能取空，全分悟入遍计所执，是为依依他觉遣所执觉。然此能观寻思实智，名迷乱觉，法执所引故，相缚未脱故。此迷乱依他觉入见道时，不现在前，此即说为依圆成觉遣依他觉也。故《中边论》云，发生正性圣慧之时，除遣如实观。

此意即显所遣二觉皆依他起，断此染故，所执实蛇实绳我法不复当情。

此是释成前文之义也。意云，依依他觉所遣所执觉与依圆成觉所遣依他觉，论其实体，即是实我实法二执，第六第七能遍计心故名依他。所以者何?绳蛇二种能缘之心，乃染分依他，是可断法故也。实蛇者，喻所执之觉；此通我、法二执。实绳者，喻依他之觉；此则唯法执也。智周云，实蛇为我，实绳为法。

非于依他以称遣故，皆互除遣。

此通伏难也。难云：若言染分依他是可断法者，后得智品亦应不成，无所缘故。能缘何有耶？今通云：染分之中烦恼执心是所断性，非谓染分非障有漏及以净分无漏依他皆互除断也。故有后得智所缘依他。

问：若尔，则遣相证性之义不成，以不遣依他故。

答：无分别智证真如时，一切相用皆不现前。不作相分是名遣相，非如烦恼断除其体，故不相违。《义演》云，于真观位虽无依他，不遣其体。

蛇由妄起，体用俱无；绳藉麻生，非无假用。麻譬真理，绳喻依他。

此释不遣依他之所以也。即明二性差别：蛇依虚妄当情显现，蟠体螯用却不可得；绳依麻生，纠体结用，非无其事；以麻譬真理，以绳喻依他，故知依他非无纠体，依真如理所生用故，即显后智所缘依他，其体非无也。

知绳、麻之体用，蛇情自灭；蛇情灭故，蛇不当情名遣所执，非如依他须圣道断。

此就二性相对以明遣断义也。知麻体者是正体智，喻证真理。知绳用者是后得智，喻观依他。正后二智，证二性时，不见二取。云蛇情自灭，乃至名遣所执，非同染分依他烦恼，须别起圣道而断除之也。

问：上文云“非于依他以称遣故，皆互除遣”，今何乃云非如依他须圣道断耶？答：上下甚异。上云不遣依他者，乃约非障有漏依他及无漏依他而言也。此云须圣道断者，乃约烦恼执心染分依他而言也。故不相违。

问：其烦恼执心等者，其体如何？

答：即是不善及有覆无记迷乱法执，非谓暖等观为迷乱法执。

故渐入真达蛇空而悟绳分，证真观位照真理而俗事彰；理事既彰，我法便息。

此就有漏智、无漏智相对，以明其行相也。明加行智以喻彰之，明无漏智以法显之。以加行智渐入真时，悟入遍计喻达蛇空，悟入依他喻悟绳分。起无漏智顿入见时，正体智先证真如理，后得智次了依他法，故云“照真理而俗事彰”也。正后二智所缘理事已彰，我法二执自然息灭。《成唯识论》云“非不见真如，而能了诸行，皆如幻事等，虽有而非真”，其义即与此同也。

此即一重所观体也。

此是总结五重之文也。

问：此五重唯识摄一切法尽耶？

答：《心经幽赞》云，如是五种从粗至细展转相推，唯识妙理总摄一切。

能观唯识，以别境慧而为自体。

此段是明能观唯识也。此中有三，一、出能观体；二、以位配释；三、诸门分别。今初，出能观体也。

问：何故以别境慧为能观体？

答：慧心所于所观境简择为性，故为能观体也。《成唯识论》云，云何为慧？于所观境简择为性、断疑为业，谓观得失俱非境中，由慧推求得决定故。

问：约唯识观，有相有性，俱是以慧为能观体耶？

答：若观相者，以俗智为能观体；若观性者，以真智为能观体。俱是别境中慧心所也，故知若相若性，俱是以慧为体也。但至果位时，则无推求义耳。

《摄大乘》第六卷说，为何义故入唯识性？由缘总法出世止观智故。无性解云，由三摩呬多无颠倒智故。

为成能观唯识以慧为体故，引此文也。“为何义故”等者，本论文也。无性解云等者，《释论》文也。本论中有问答。今取答文及《释论》文以为证耳。

问：本论之意云何？

答：无性释云，“为何义故”等者，问入唯识所须。廓法师云，此问意云，此唯识性既是难入，为何义利乃于地前长时修此难行加行入于初地唯识性耶？

问：本论之答意云何？

答：无性释云，“由缘总法”者，缘一切法总相所显真如为境。谓大乘教中所说一切法皆真如为性，故缘真如即是解了一切法性。若不尔者，虽经多时无分别智亦应不生。言“出世”者，以是无漏故，是无分别故。言“止观智故”者，由三摩呬多无颠倒智故。

问：《释论》所云“由三摩呬多”等者，其意云何？

答：廓法师云，“三摩呬多”者，此云等引，即是其定显前止也。“无颠倒智”者，即内证慧，显前观也。由此正智与定相应，内证真理，名无颠倒。

问：此等引定亦通散心否耶？又，有心定、无心定中，皆通否耶？又何故名为等引耶？

答：此之等引唯定非散，通有无心。且有心定名等引者，有二义：一、由前加行平等引故，至此定中离于沉掉，故名等引；二、根本定中平等引心令离沉掉，故名等引。若无心定，亦有二义：一、由前加行平等引生此定，此定为前加行平等心引，故名等引。二、即无心定，寂静平等前后无别，故名为等。能引四大等身令相续安和，由定能引，故名等引。

或有解言，能观唯识通以止观而为自性；此亦不然，若取相应，四蕴为体；若兼眷属，即通五蕴。今且依名，观体唯慧。

此文是破古师义也。破中有二：一、立理破；二、引教破也。今初，立理破也。

若如古师所云“通以止观为能观体”，则有四失：一、太减失；二、太增失；三、名体不顺失；四、圣教相违失。初三为违理失，后一为违教失。此即初三，立理破也。

言太减失者，辨诸法体有三种，谓自性体、相应体、眷属体也。今言能观以慧为体者，是自性体也。若通取止者，则是何体乎？若取相应体者，则应除初色蕴而以四蕴为体。若兼取眷属体者，则应总以五蕴为体。古师乃但取止，故其体甚减矣。

言太增失者，观是慧名，非是定名，而汝古师乃并取定为能观者，望自性体，其体甚增矣。

言名体不顺失者，既言观体是慧数、止体是定，何得谓为能观乎？此则名体不顺矣。

第四圣教相违失者，如下可知。

问：相应体、眷属体，各以几法为体耶？

答：相应体以二十三法为体，谓第六识心王、遍行、别境四、善十一、不定中寻伺也。若以此二十三法摄四蕴者，遍行中受为受蕴，想为想蕴，第六心王为识蕴，自余二十法为行蕴。如是等法，与慧相应，故取四蕴为相应体也。若眷属体者，即通五蕴、定道共戒无表之色，虽不与慧相应，亦为眷属，故即色蕴也。余四蕴如前。

问：相应体以二十三法为体者，其相云何？

答：身在欲界及初禅，并菩萨因位之能观，以二十三法为相应体。若在二禅以上，及果位之能观，除寻伺二法，以二十一法为相应体。若并自性慧，则或二十四或二十二也。

无性又云，唯识现观智故。

此引无性文以破古师义也。即第四圣教相违失也。破意云，无性菩萨释能入智，但云唯识现观智，今何得云通于止观乎？

又云，由三摩呬多无颠倒智，但举定中所起之智以为观体，作寻思等胜唯识观必居定故，不言即以止为观体。

此于引证之中兼通难也。

古师难云：若只以慧为观体者，何故无性云由三摩呬多乎？

今通云：无性菩萨加由三摩呬多之言者，为简资粮位散慧，唯取加行位定慧，定为所依观慧起故。所以者何？修寻思如实智胜唯识观必居定中而修故也，非谓止观二法为能观体也。若不尔者，由言无用也。

问：唯散位慧独起时，不能修唯识观耶？

答：亦能修之，但甚微劣耳。此则凡位之行相也；资粮位定散间杂少胜凡位，然不如加行位居定而修也。

《摄论》又云，由四寻思、四如实智，如是皆同不可得故。以诸菩萨如是如实为入唯识勤修加行，即于似文似义意言，推求文名唯是意言。

为明定中之智为唯识观故，再引彼论第六入所知相分之文为证也。

问：其意云何？

答：四寻思者，推求云寻，筹度云思；于名等四，推求筹度，名四寻思。四如实智者，即从前寻思所引之果相也。此智如见道实智故，名如实智。又无倒，名如；无谬，名实。于所缘境称实知故，名如实智。用此四智，了达名等四种境义，实不可得，故云如是皆同不可得故。似文者，能诠之教也。似义者，所诠之义也。影像文义似于本质，依他文义似于心外，故名为似也。言意言者，能缘意识也。似文似义意言者，谓意言所缘境体也。言推求文名唯是意言者，文者，教也，名者，义也。谓观似文似名唯是意言性，了知文名毕竟非有也。

乃至广说《瑜伽》《对法》等，寻思如实智，皆以慧为体。

问：何以得知寻思实智，皆以慧为体？

答：既云寻思智如实智，决断义故名智，简择义故名慧，其体是一，故知尔耳。

寻思唯有漏，如实智通无漏。

此明唯识观通有漏无漏也。寻思观唯有漏，在地前故；如实智观亦是无漏，通地上故。

问：《瑜伽论》云，如实智正智所摄，今何乃云是有漏观耶？

答：彼论约无漏如实观说也，非谓不通有漏也。

《摄大乘》云，入所知相者，谓多闻熏习所依，非阿赖耶识所摄者。此文唯举无漏种子在彼位增名为闻熏，称非藏识、非诸能观皆唯无漏。

引此文者是会违也。

难者意谓，若唯识观通有漏者，何以有漏多闻熏习种子非阿赖耶识所摄乎？既云多闻熏习种子非阿赖耶识所摄，明知唯识观不通有漏矣。

今即会之云，彼《摄论》文唯举法尔无漏种子在地前位，被闻等熏习功能增长，假名闻熏，称非藏识耳，非谓能观皆唯无漏也。

问：何为多闻熏习？

答：菩萨资粮，加行位中遇佛等缘，闻净法界等流正法，熏习有漏种子为增上缘，令法尔无漏本有种子亦得增长，展转增胜，即以所增无漏种子后时正生出世之心，故有漏、无漏种子俱名闻熏习也。

问：何以知无漏种子亦由闻熏习乎？

答：《成唯识论》云，其闻熏习非唯有漏，闻正法时亦熏本有无漏种子，令渐增盛，展转乃至生出世心，故亦说此名闻熏习。疏云，种解脱分善根已去，闻正法时由现行有漏及自因缘所熏有漏种为增上缘，令其本有无漏种子亦得增长，展转增胜，即以所增无漏胜种后时正生出世之心，亦说无漏所增长种名闻熏习。《对法》第四云，抉择分善根亦是有漏，亦名无漏，据各别故。

问：云何为净法界等流正法？

答：谓佛以真如为所缘缘，即从真如流出大定智悲，即是如来报身。从此报身流出化身，从化身流出十二分教，是名净法界等流正法也。

问：闻此净法界等流正法，所熏之闻熏为出世心成正因缘，其相如何？

答：约闻熏有二种：若有漏性者，为出世法成增上缘；若无漏性者，为出世法为正因缘。故《成唯识论》云，闻熏习中，有漏性者，是修所断，感胜异熟为出世法胜增上缘；无漏性者，非所断摄，与出世法正为因缘。

问：若尔，何以《摄论》乃云，有漏闻熏为出世心种子耶？

答：《成唯识论》会之云，此正因缘微隐难了，有寄粗显胜增上缘，方便说为出世心种。疏云，又第二解此无漏种望出世心是正因缘微隐难了，未起现行故，相状难知故。《摄大乘》诸论等处，但寄粗显有漏闻熏是无漏胜增上缘者，方便说此为出世心种，此增上缘非正因缘。若无有漏闻熏习者，无漏之种不生现行，故寄有漏胜者说也。

问：此义云何？

答：释闻熏习为出世心种，论有二解：一、依有漏闻熏增长法尔无漏种子，正为出世心之因缘名闻熏习。即论所云，无漏性者，非所断摄与出世法正为因缘者是也。二、依无漏种子微隐难了，举有漏闻熏为出世心之增上缘，假名出世心种。即此所云，此正因缘微隐难了等之论文是也。故疏结云，第一就实正因缘解，第二就胜增上缘解。故《摄论》文无相违失，由是善得《对法》等意。

不尔，四寻思应非加行智。

此释成上文之义也。若不言能观通有漏者，四寻思智应非在四善根位。既许寻思智在暖顶位，故知能观通有漏位。

此虽总说，若别显者，略有二位：一因；二果。

明能观唯识有三：一、出能观体；二、以位配释；三、诸门分别。上出能观体竟。今是第二，以位配释也。此中有二：初略标位，后正配位。今初略标位也。地上名果，地前名因，非唯佛果方名为果。

因通三慧，唯有漏故。以闻思修所成之慧而为观体，此唯明利简择之性，非生得善。

此以能观配位也。此先明因位也。因位能观通闻思修，唯是有漏及加行善是明利故，非生得善以微劣故。

问：云何名闻慧等?

答:《三慧章》云，闻谓能听，即是耳识能闻于声，成是生长圆满之义。以闻为因，因闻所成之慧，名闻所成慧；思谓思数，由思筹度胜慧方生，因相应思所成之慧，名思所成慧，或因于思所成之慧；修者，证义；明证境故，体即定数。因定相应所成之慧，或因于定所成之慧，是即别体三慧也。尚有义说三慧，至下可知之。

故《摄论》云，似法似义，意言大乘法相等所生起胜解行地见道、修道等。

为证能观配位之义故，引此等文也。引证有二，《摄论》及《成唯识论》也。此即初引《摄论》文也。此乃略文也，其具文云:何处能入？谓即于彼有见似法似义，意言大乘法相等所生起胜解行地见道、修道究竟道中，于一切法唯有识性随闻胜解故，如理通达故，治一切障故，离一切障故。

此文中所言似法似义者，明所入境界之相也。意言者，显境界之体也。大乘法相等者，明境界之因也。所生起者，明境从因生也。意云，即此所缘似法似义，意言乃是《华严》等大乘法相闻熏之所生起者也。胜解行地等者，明所依位也，资粮、加行二位名胜解行地，即此位中于唯识性但随听闻生胜解故。胜解者，印持义也。行者，行解也。资、加二位起胜解行，故名胜解行地也。

《成唯识》云，此中唯识资粮位中听闻思惟能深信解，在加行位起寻思等引发真见。

此即第二引证也，亦证能观配位之义者也。此亦是略文也，其具文云：谓诸菩萨于识性相，资粮位中能深信解，在加行位能渐伏除所取、能取引发真见。

今但取其文意，于资粮中加听闻思惟之言，于加行中以起寻思等之言，易能渐伏除所取、能取之文。

问：何故如是取舍耶？

答：意为成闻等三慧，在资粮位名听闻思惟，在加行位名寻思实智，故如此取舍也。即资粮位中有闻思二慧为能观体，加行位中有修慧为能观体也。

言能深信解者，资粮位中虽有伏除之义，然只少分故不说之。但依闻思信解初增故，云能深信解也。言引发真见者，加行位中起寻思观初伏所取，起如实智次伏能取，引发见道初无漏智，故云引发真见也。

果唯无漏修所成慧而为观体，通以正智后得智为自体故。

此明果位能观也。果位能观漏无漏中唯是无漏，三慧之中唯是修慧，加行等三智中是正后二智为自体。

《摄大乘》等云，如理通达故，治一切障故，离一切障故，见、修、无学道如其次第。

引此文者，为证果位能观配位之义也。无性释云：或有能入在见道中如理通达此意言故，此中如理而通达者，谓通达彼非法、非义、非所取、非能取故。或有能入在修道中，由此修习对治烦恼所知障故。或有能入在究竟道中，最极清净离诸障故。言见、修、无学道等者，略文也。

证真理识，唯正体智；证俗事识，唯后得智。文多义显，不引教成。

此就果位能观，明二智差别也。“真理识”者，即真如也，识实性故。“俗事识”者，依他诸法也，识为主故。“文多义显”者，《佛地论》云，缘真义边名无分别智，缘俗义边名后得智。此等诸文处处非一，故云文多。

上来虽复辨能所观，总义说者，若总言唯识，通能所观。言唯识观，唯能非所，通有无漏，通散及定，以闻思修加行、根本、后得三智而为自体。

明能观唯识有三：一、出能观体；二、以位配释；三、诸门分别。初二上已说竟。今之此文，即是第三，诸门分别也。此中有竖有横。竖中有四：一、唯识；二、唯识观；三、唯识三摩地；四、正证唯识。横中有五：一、能观所观门；二、有漏无漏门；三、定散分别门；四、三慧分别门；五、三智分别门。今之此文，乃约竖四中，明初二者也。竖中一一各有横五，对文可知。

若言唯识三摩地，通有无漏，唯定非散，唯修慧非闻思、通三智。

此是竖论第三也。三摩地，此云等持。《中边疏》云，平等持心，专缘一境，故名等持。古人云三昧者，讹也。横论漏无漏等分别，如文易知。

问：最胜子菩萨《瑜伽释论》云，三摩地名，通定不定。明知等持，通定及散，今何云唯定非散耶？

答：但言三摩，地必通定散；若加唯识言，云唯识三摩地之时，则唯定非散，以作寻思等胜唯识观必居定故也。

问：能观之体非定，今何云唯识三摩地是能观耶？

答：此乃以定中唯识观，名之为唯识三摩地，非谓三摩地是能观体也。

若言正证唯识，唯无漏非有漏、唯定非散、唯修慧非闻思、唯正智后得、非加行。

此是竖论第四也。无分别智体会真如，后所得智实悟依他，名之为证。横论分别，如文易知。

问：后得智缘真如，亦可云正证唯识耶？

答：不尔。正体智亲证真如，故云正证；后得智缘真如变相分疏缘，故不云正证。但约证依他如幻，故云正证耳。

此非义说，不尔，三摩地等亦通闻思，《十地论》说故，至下当知。

此是会伏难也。难云：若唯识三摩地及正证唯识之时无闻思者，何故《十地经》云，八地已上于一切法能堪、能思、能持？即彼论云，如次即是闻思修慧，八地以上既有闻思，何况地前及七地以前乎？今何云唯修慧耶？

今会之云：三慧有二，一、别体三慧，谓随各别之功能，名为闻思修也。此即在七地以前。二、义说三慧，谓于一修慧以义分三也。此即在八地已上也。今云唯识三摩地及正证唯识中非闻思者，此据别体三慧简闻思也，不遮义说三慧也。今约别体，非义说故，无有妨难也。

问：其“至下当知”者，指何处耶？

答：指《三慧章》也。《三慧章》云，七地已前定散心间皆容得起；八地已上无漏相续都无散心。《十地经》说，八地已上于一切法能堪、能思、能持者，彼论解云，如次即是闻思修慧。虽一慧体，一刹那中能取外教而寻于义，名为闻慧；能筹度先理后文能取，名为思慧；于此二中能证明显，即名修慧。圣智通达于一念慧，义分三故，实无别体。

【编者按：以上文字曾以《五重唯识观注》为题发表。】

然总遍详诸教所说一切唯识，不过五种。

此文以下明五种唯识也。总摄经论、散说唯识束为五类。有情不知真妄境界，起烦恼业，因受众苦，今正翻彼，立此五种，为令知境。说境唯识为令舍惑，立教与理。外道、小乘由不了知大乘教理，立邪教理，起诸烦恼。由此大乘唯识教理，舍邪教理，不起诸惑。为对业行，立行唯识；为对苦果，立果唯识也。

一、境唯识。《阿毗达磨经》言：鬼、傍生、人、天，各随其所应，等事心异故，许义非真实。如是等文，但说唯识所观境者，皆境唯识。

《摄大乘论》云：如世尊言，若诸菩萨成就四法，能随悟入一切唯识都无有义。一者，成就相违识相智。如饿鬼、傍生及诸天、人，同于一事见彼所识有差别故。《成唯识论》云：又成就四智菩萨，能随悟入唯识无境，一相违识相智，谓于一处鬼、人、天等，随业差别所见各别。境若实有，此云何成相违识者？无性云：相违者识，名相违识。《成唯识论述记》释相违者有二释：一、相违谓是境，五境异故。“者”谓能变假者，相违之者，依主释也。二、相违即能变假者，五类异故。相违即者，持业释也。此相违者之识，名相违识也。

二、教唯识。“由自心执著”等颂，《华严》《深密》等说唯识教者，皆教唯识。

教唯识者，《枢要》云：成论本教释彼说故，名教唯识。“由自心执著”等颂者，此是《楞伽经》第十卷文也。其文具云：“由自心执著，心似外境转。彼所见非有，是故说唯心。”此颂意者，《成唯识论述记》云：外境无故，唯有一心。由执著故，似外境转。定无外境，许有自心。不离心故，总名一识。心所与心相应，色法心之所变。真如识之实性，四分识义用分。此上四类，各一别义，又皆不离识，故并名“唯”。无漏种子，但具一义，谓不离识，故说为“唯”。《华严》《深密》等说者，《华严经》云：三界唯心。《深密经》云：诸识所缘，唯识所现。此等所说，皆教唯识。

三、理唯识。《三十颂》言：是诸识转变，分别、所分别。由此彼皆无，故一切唯识。如是成立唯识道理，皆理唯识。

理唯识者，《枢要》云：成立本教所说之理，分别唯识性相义故，名理唯识。《成唯识论》云：是诸识者，谓前所说三能变识及彼心所，皆能变似见、相二分，立转变名。所变见分，说名分别，能取相故；所变相分，名所分别，见所取故。由此正理，彼实我法离识所变皆定非有，离能、所取无别物故，非有实物离二相故。是故一切有为、无为，若实、若假，皆不离识。唯言，为遮离识实物，非不离识心所法等。

四、行唯识。“菩萨于定位”等颂，四种寻思如实智等，皆行唯识。

行唯识者，《枢要》云：明五位修唯识行故，名行唯识。“菩萨于定位”等颂者，此颂《成唯识论》说加行位处亦曾引之。《成唯识论述记》云：此中颂者，《摄大乘》说教授二颂，教授菩萨故。此《分别瑜伽论》颂，弥勒所作，无著故引，古云《分别观论》也。其文具云：“菩萨于定位，观影唯是心。义想既灭除，审观唯自想。如是住内心，知所取非有。次能取亦无，后触无所得。”《成唯识论述记》云：“菩萨于定位”者，显非散也。资量位中多住外门，此多在定，内门修行。“观影唯是心”者，亲心内境影离心非有，唯是内心，此初位观即在暖位。“义想既灭除，审观唯自想”者，唯有内心也，即在顶位。以上总是暖、顶二位也。“如是住内心，知所取非有”者，此二句下忍位也。“次能取亦无”者，中、上忍位也。合此俱印二空，即世第一法也。“后触无所得”者，入真见道也。

五、果唯识。《佛地经》言：大圆镜智，诸处、境、识，皆于中现。

果唯识者，修唯识行所得转、依二种大果，名果唯识也。《佛地经》云：大圆境智者，如依圆境，众像影现。如是依止如来智境，诸处、境、识，众像影现。释此经论，谓十八界皆在如来大圆境智相应心品影像显现，以诸如来镜智生时，皆能照了一切境故。诸处、境、识犹如影像，在此智中分明显现，由此镜智摄受彼相而生起故。

> 又，《如来功德庄严经》言：如来无垢识，是净、无漏界。解脱一切障，圆镜智相应。

《成唯识论》亦引此文。《成唯识论述记》云：证无垢识，圆镜智俱。界者，性义。

> 《唯识》亦云：此即无漏界，不思议善常。安乐解脱身，大牟尼名法。如是诸说，唯识得果，皆果唯识。

释此颂者，《成唯识论》云：此谓此前二转依果，即是究竟无漏界摄。《成唯识论述记》云：无漏界摄，即菩提、涅槃二转依果，是究竟位。《成唯识论》云：诸漏永尽，非漏随增。性净圆明，故名无漏。《成唯识论述记》云：诸漏永尽者，离相应缚义；非漏随增者，离所缘缚义。性净者，简二乘无学善有漏等蕴也。圆者，简一切有学无漏也。明者，简二乘无学无漏也。《成唯识论》云：界是藏义，此中含容无边希有大功德故。或是因义，能生五乘世、出世间利乐事故。清净法界，可唯无漏摄。四智心品，如何唯无漏？道谛摄故。唯无漏摄，谓佛功德及身土等，皆是无漏种姓所生，有漏法种已永舍故。虽有示现作生死身，业烦恼等似苦、集谛，而实无漏道谛所摄。此转依果又不思议，超过寻思、言议道故，微妙甚深自内证故，非诸世间喻所喻故。此又是善，白法性故，清净法界远离生灭，极安稳故，四智心品妙用无方，极巧便故，二种皆有顺益相故，违不善故。俱说为善，此又是常，无尽期故。清净法界无生无灭，性无变易，故说为常。四智心品所依常故，无断尽故，亦说为常，非自性常，从因生故。生者归灭，一向记故，不见色心非无常故。然四智品，由本愿力，所化有情无尽期故，穷未来际，无断无尽。《成唯识论述记》云：无断常者，是不断常义，是报身也。无尽常者，是化身也，相续常义也。《成唯识论》云：此又安乐，无逼恼故。清净法界，众相寂静，故名安乐。四智心品，永离恼害，故名安乐。此二自性，皆无逼恼，及能安乐一切有情，故二转依，俱名安乐。二乘所得二转依果，唯永远离烦恼障缚，无殊胜法故，但名解脱身。大觉世尊，成就无上寂默法故，名大牟尼。此牟尼尊所得二果，永离二障，亦名法身。无量无边力无畏等大功德法所庄严故。《成唯识论述记》云：梵云牟尼，此云寂默。寂默法者，离言法也。唯我世尊，二转依果，亦名法身，亦名解脱也。言法身者，非三身中之法身也。佛得二名，离烦恼故，名解脱身。离所知障，具无边德，名为法身也。

此中所说五种唯识，总摄一切唯识皆尽。然诸教中，就义随机，于境唯识，种种异说。

问：五种唯识中，何故但于境唯识致种种之异说耶？

答：境唯识义，广通一切，故但于此致其异说也。

或依所执以辨唯识。《楞伽经》说：由自心执著，心似外境现。以彼境非有，是故说唯心。但依执心虚妄现故。

此依所执以辨唯识也。外境本无，唯有一心。由心执著，似外境现，是名依所执以辨唯识也。

或依有漏以明唯识。《华严经》说：三界唯心。就于世间说唯识故。

此依有漏以明唯识也。《华严经》云：了达三界依心有，十二因缘亦复然。生死皆由心所作，心若灭者生死尽。是名依世间有漏以辨唯识也。

或依所执及随有为以辨唯识。《三十颂》言：由假说我法，有种种相转。彼依识所变，依识自体起见相分，二执生故，世间圣教说我法故。

此依所执及有为以辨唯识也。依识自体起相见分，是依有为以辨唯识也。依见相分生我、法执，是依所执以辨唯识也。世间依无体随情假说我法，是依所执以辨唯识也。圣教依有体施设假说我法，是随有为以辨唯识也。

或依有情以辨唯识。《无垢称经》云：心清净故，有情清净；心杂染故，有情杂染。

此依有情以辨唯识也。有情染净，唯依内心，故云依有情以辨唯识也。

或依一切有无诸法以辨唯识。《解深密经》说：诸识所缘，唯识所现。

此依一切法以辨唯识也。有无诸法者，若依《中边》者，即有为、无为是一切法也。若依《对法》者，即三自性法是一切法也。

或随指事以辨唯识。《阿毗达磨契经》颂言：鬼、傍生、人、天，各随其所应。随指一事，辨唯识故。

此随指一事以辨唯识也。但于一处，鬼变为猛火，傍生变为宅路，人变为水，天变为瑠璃，是即各各识变唯识也。故云随指一事也。

如是等辈无量教门，举此六门，类摄诸教。理义尽者唯第五教，总说一切为唯识故。

此结文也。文中有二：初结六门摄无量教；后结此六门中，以第五门为最胜也，即上所引《解深密经》是也。

或束为三，谓境、行、果。如《心经赞》，具广分别。

此谓约前五种唯识或束为境、行、果三也。理教二种，即摄在境中也。《义演》云：境即教理，行即资粮等，果即菩提等也。为翻惑、业、苦三，故为境、行、果三也。如《心经赞》者，其文云：次应修行，此有二种：一略、二广。略复有三：一境、二行、三所得果。犹昔不知真妄境界起烦恼等，因受众苦，今正翻彼，故亦有三。由此最初应审观境，即知善恶，修断行成，因行既圆，果德便证。诸佛圣教虽复无边，说修行门不过三种，故修行者，应依此学云云。

# 二、辨名

第二，辨名者，梵云毗若底，此翻为识。识者，了别义。

问：识者，了别义者，八识皆有了别义耶？

答：然也。

问：若尔，何以但以前六识名为了别境识耶？

答：约了别有二，谓粗与细也。前六识有粗了别义，故名了别境识。七、八有细了别义，细义隐故，不名了别也。

识自相，识相应，识所变，识分位，识实性，五法事理，皆不离识，故名唯识。

此五法皆不离识，故总名唯识也。凡释唯识有二门：言识自相故名唯识，乃至识实性故名唯识者，别门唯识也；此五法皆不离识，故名唯识者，通门唯识也。今乃偏明通门唯识也。

不尔，真如应非唯识。

若不以“不离”义说“唯”者，真如非识所变，何以得名唯识乎？故云“不尔”也。《成唯识论述记》云：不离识故，真如名唯识。正与此同也。

亦非唯一心更无余物，摄余归识，总立识名。

此通伏难也。难云：依他内境，其体非虚，何言一心无余物耶？故今通云：非谓但有一识，无余内境，摄境归识，总名唯识也。

非摄归真，不名如也。

此亦通难也。难云：若云一切法皆归识，名唯识者，何以《维摩经》等云：一切诸法皆如也耶？故今通云：依摄境从心门与唯识门时，则皆名唯识，非谓依摄相归性门与真如门时不名为如也。

梵云摩怛剌多，此翻为唯。唯有三义：一、简持义。简去遍计所执、生法二我，持取依他、圆成识相识性。《成唯识》云：唯言，为遮离识我法，非不离识心、心所等。

《成唯识论述记》云：遮离能变等识外实、我实法，名为唯识，非不离识心所及见相分色真如等。《枢要》云：唯简二空，唯为简持。有心空境，是唯义也。简去境，持取心，故说简持是唯义也。

二、决定义。旧《中边颂》云：此中定有空，于彼亦有此。谓俗事中定有真理，真理中定有俗事。识表之中，此二决定，显无二取。

《成唯识论述记》云：唯与空有别者，梵音言都。都者不唯是唯，亦是定义。于此都字之上加阿缚驮剌那，即是楷定义。故今应言唯是空义，以依他中决定唯有空故。

三、显胜义。瞿波论师《二十唯识释》云：此说唯识，但举主胜，理兼心所，如言王来，非无臣佐。

《二十唯识释论》者，乃是未翻来之论也。

今此多取简持解唯。

唯尝虽有三义，然今所言唯识之唯，则是多取简持义也。

识者，心也，由心集起彩画为主之根本故。经曰唯心，分别了达之根本故，论称唯识。或经义通因果，总言唯心；论说唯在因，但称唯识。

此会违之文也。违难有三：一难云，何故经云唯心，论云唯识？二难云，何故经名般若，论名唯识？三难云，何故经云真如，论云唯识耶？今此之文，乃会第一难之文也。会中有三：一云，经云唯心、论云唯识者，心与识是一，故不相违也。二云，经由集起彩画义，故名唯心；论由分别了达义，故名唯识也。三云，经通因果故，总名唯心；论唯在因故，但名唯识也。识者，心也者。盖一识体从义得名，集起义故名心，了别义故名识，然其体一，故云识者心也。集起义名心者，集起义有二，即一行相集起、二种子集起也。初通诸识，后唯第八。故集起义名心可通诸识也。经通因果名心等者，《成唯识论》第三出第八识异名之中云：谓或名心由种种法熏习种子所积集故。次下又云：此等诸名通一切位。《述记》云：此通有、无漏及若凡、若圣，名一切位，云云。心名既通有漏、无漏，故云经通因果，总言唯心也。识了别义，唯在因位，故云论唯在因，但种唯识也。

识了别义，在因位中识用强故。说识为唯，其义无二。《二十论》云：心、意、识、了，名之差别。

此重成论唯在因，但称唯识之所以也。盖谓识者是了别义，因位中智，简择义劣；因位中识，了别用胜，故但名唯识也。云识、云心，其义无二。《二十唯识论》云：心、意、识、了，名之差别，即谓此也。

识即是唯，持业释也。或顺世外道及清辨等，成立境唯，为简于彼，言识之唯，依主无失。

持业释者，识体持有简持决定显胜之唯业用，故云识即是唯，持业释也。依主释者，唯是能依识是主也。唯依主释，识之唯故，故名唯识。如臣依王，王之臣，故云王臣也。顺世外道及清辨等成立境唯者，《疏述》顺世外道计云：顺世计云，唯执有实常四大，生一切有情，一切有情禀此而有，更无余物，后死灭时还归四大。《疏述》清辨计云：清辨计云，若论世谛，心境俱有；若依胜义，心境俱空。经中所言唯心等者，识最胜故，由心集生一切法故，非无心外实有境也。

为令舍识而依于智，说唯识言。

此是通伏难之文也。故《枢要》云，问：何故四依劝依智不依识，此论名唯识，不名唯智耶？答：如《唯识章》释名中释云云，故知此章之文乃是通《枢要》之难者也。文中有四释，此乃是第一因果相对释也。意谓识名在因，智名通果。因是所应舍，果是所应取，所以论中以“唯在因，故名唯识”，为令舍在因之识，依在果之智故也。所以劝令舍识依智者，识是生死之本，以着事为性；智是涅槃之因，以达理为用，故应舍识依智也。

若能观中，智强识劣，若以为境，皆不离心。今为所观，故名唯识。

此即是前通难中之第二能所相对释也。意谓能观之中，智之决断用强，识之了别是劣，故四依之中劝令依智也。若将其智之能尚未现行，即其能观之智作为所观之境时，则以不离心，故亦是唯识。今论据所观义而言，故仍名之为唯识也。

问：智是能观，何亦得为所观耶?

答：且如十六心中类忍、类智，缘前正智之时，则即是正智为所观境矣。又，大圆镜智现三智影时，亦是三智为所缘之境也，此类非一也。

又，不离依主，称为唯识；决断从能，故可依智。

此即是前通难中之第三主能相对释也。意谓智即是慧心所，心所应不离心王，故论约此不离义，摄从依主，名为唯识也。智是决断义，四依之中从能立名，故云依智也。

又，从欣为自，经唯名皆般若；从厌为号，论标并唯毗若底。

此即是前通难中之第四欣厌相对释也。智是所欣，故四依中云依智；识是所厌，故论中名唯识也。此文可兼通上所陈三违难中之第二“何故经名般若，论名唯识”之难也。

摄法归无为之主，故言一切法皆如也；摄法归有为之主，故言诸法皆唯识；摄法归简择之主，故言一切皆般若。

此文乃别通上三违难中之第三“何故经名真如，论名唯识”之难，以总通会上难者也。意谓真如是万差诸法所归之主，故经中云一切诸法皆如也。摄有漏、无漏一切法归无为主，故皆云真如也。此是摄相归性之义也。有为诸法中，识为其主，余法是伴，故论中摄一切法归识主，皆名唯识也。有为法中，慧心所闻简择中，故经中摄一切法归简择主，则皆名般若也。

是名第二辨名号也。

此是结文，其文易知。

# 三、离合会释

第三，离合会释者。离者，别也；合者，同也。谓诸经论，各各别说诸观等名，今合解之，但是唯识之差别义，非体异也。

别者，属诸经论；同者，属此唯识。今此门中，和会解释，故名会释也。

一名有三十一类。

诸经论中随义说种种差别名，总有五类，谓一名类、二名类、三名类、四名类、五名类也。今先标一名类，有三十一也。

《华严》等中，遮境离识，名为唯心。

《华严经》中说三界唯心者，遮小乘等执离心外有实境，为令得知唯心道理，故说三界唯心也。

《辨中边论》，遮边执路，名为中道。

《中边疏》云：中者，正善离过之目；边者，邪恶有失之号。中道云者，彼论上卷颂云：虚妄分别有，于此二都无。此中唯有空，于彼亦有此。故说一切法，非空非不空。有无及有故，是则契中道。边执路者，谓小乘诸法实有之执，清辨诸法皆空之执，云边执路也。为遮此偏有、偏空之执，故弥勒菩萨说非空、非有中道之义也。

《般若经》中，明简择性，名为般若波罗蜜多。

梵云般若，此云智；梵云波罗蜜多，此云彼岸到。言简择者，智慧之用也。

《法华经》中，明究竟运，名曰一乘。

《法华玄赞》云：由过此外，无别胜乘，依理究竟，最为殊胜，故说为一。意谓：究竟者，一义；运者，乘义也。

此之四名，通能所观，真俗境观。正智唯真，加行后得，并通真俗。若言证者，后得唯俗。

此之四名，通能观智与所观境，并成真谛、俗谛之境智也。然能观中有三智：正体智，唯真非俗；加行智、后得智，并通真俗二谛。约后得智言证依他如幻者，唯俗非真也。

问：且唯心之名，如何通能观所观、真俗境观？

答：八识心王、心所是能缘性，故名能观。其后三分，能互相缘。又，心、心所亦能为他心智所缘，故云通所观境也。此中无漏心成真谛境观，有漏心成俗谛境观，故云通真俗境观也。

问：中道之名如何通能观、所观等？

答：圣者能观之智及所观之境，皆离边执故，俱名中道。其智即能观，其境即所观。通真俗谛，准前可知。

问：般若之名，如何通能所观等？

答：般若者，智也，故是能观；亦为他智所缘，故通所观也。通真俗谛，准上可知。

问：一乘之名，如何通能所观等？

答：一乘有因果理智，智是能观，理即所观也。通真俗谛，准前可知。若言证者，后得唯俗者，谓若依观行，后得亦能变影观真。若依证说，则根本智证真非俗，后得智证俗非真，其用各别也。

《法华》有说，唯依果智，但说三车在门外故。宅中出者名衣裓、机案及门，不与乘名。

此破古师但依果智义，故先引彼古师自释之言也。

问：此古师之义云何？

答：古师意说，宅外之者，名之为果。衣裓及门，并名为因。声闻因行喻衣裓，独觉因行喻机案，菩萨因行喻门。故知三乘因行，非一乘体。三车在门外者，果出因外，故云在门外也。以是故知果智为一乘体，此即古师之义也。

理亦不然。声闻、缘觉、不退菩萨，乘此宝车直至道场，故通因位。

此是章主破彼古师之文也。意谓经中既云三乘俱乘宝车直至道场，其宝车体是因位智，故知一乘之体应通因智也。《法华经》偈云：与诸菩萨及声闻众，乘此宝乘直至道场。《法华玄赞》云：三乘俱登初地已上，乘此一乘种智，经两阿僧祇方至佛位，云云。正与此章之意相同也。

《胜鬘经》中，六法既为大乘故说，故通加行。至乘章中，当具显示。

此是就上所论乘名亦通因位，更引《胜鬘经》以显亦通加行位也。

问：六法者何？

答：彼经曰，如世尊说六处，何等为六？谓正法住、正法灭、波罗提木叉、毗尼、出家、受具足。为大乘故说此六处。何以故？正法住者，为大乘故说。大乘住者，即正法住。正法灭者，为大乘故说。大乘灭者，即正法灭。波罗提木叉、毗尼，此二法者，义一名异。毗尼者，即大乘学。何以故？以依佛出家而受具足，故说大乘威仪戒是毗尼、是出家、是受具足。《无垢称经疏》曰：经论二藏，善益名住，除障名灭。戒中略本名波罗提木叉，广律本名毗尼，此乃所学三藏之法。能学之人名出家、受具足。智周云：沙弥云出家，大众云受具足。

问：虽此六法为大乘故说，然如何知乘名亦通加行耶？

答：六法之中，初四是二乘所学之法，后二明二乘能学之人。此二乘法，人合为六法也。既言为大乘故说，故知小乘之所学法及能学人，皆成大乘之因，故此六法有运载小乘人入大乘之功能，故此亦能得乘之名，故知乘名亦通加行也。言加行者，即方便之异名也。至乘章中，当具显说者，盖指诸乘章也。

《胜鬘经》中，遮余虚妄，名一实谛。

《宝窟》曰：言一谛者，四谛之中，其唯简取一苦灭谛，故名为一。此一，非虚妄变异，故名为谛。

问：苦、集二谛可是虚妄，岂彼道

【编者按：原刊缺一页。】

《成唯识论》云：无量无边力无畏等大功德法所依止，故名为法身。

《无垢称经》，遮理有差别，名不二法门。

真如名不二法门者，慈恩《疏》曰：今显无相真如理唯是一，恐闻一定一，故不说于一。但遮妄异，故言不二。不二之理，可轨可推，故名为法。此通生无漏智解，立以门名。据实真如，非二、非不二，非法、非非法，非门、非非门。遮二故强名不二，遮非法故名法，遮非门故名门耳。

《大慧经》中，表无起尽，亦名不生不灭。

四卷《楞伽经》第四曰，尔时大慧菩萨复白佛言：世尊，如世尊说,修多罗摄受不生不灭。又,世尊说不生不灭是如来异名。云何世尊为无性故说不生不灭为如来异名？佛告大慧：我说一切法不生不灭，有无品不现，云云。意谓真如无生灭起尽故，名不生不灭也。

《涅槃经》中，彰法身因，多名佛性。

《涅槃经》第二十五云：善男子，佛性者，非阴、界、人，非本无今有,非有已还无。又,第三十三曰:如佛所说,众生佛性,犹如虚空。

问：有垢、无垢真如中，何者名佛性耶？

答：在缠真如也。故《二谛章》曰，在因名佛性，云云。意谓性者，因义也。

《楞伽经》中，表离言说，名不思议。

十卷《楞伽经》第二云：大慧，我说常不可思议，第一义常不可思议,与第一义相,因果相应,以离有无故,以内身证相故。《成唯识论》第十释不思议云：超过寻思、言议道故，正与此同也。

《瑜伽》等中，显不可施设，名非安立。

《瑜伽》六十四曰：云何非安立真实？谓诸法真如圆成实自性，圣智所行，圣智境界，圣智所缘，云云。意谓真如非凡智所行，故名非安立也。

《摄大乘》等，显此遍常等，名圆成实。

《摄论》第四云：由无变异性故，名圆成实。又，由清净所缘性故，一切善法最胜性故，由最胜义名圆成实。无性释曰：由无变异性，故名圆成实等者，应知此性常无变故。又，由清净所缘性故，一切善法最胜性故，圆满成就真实为性。《成唯识论》曰：二空所显圆满成就诸法实性，名圆成实。显此遍常，体非虚谬。《成唯识论述记》曰：由此真如，一者，体遍，无处无故，即是圆满义。二者，体常，非生灭故，即是成就义。三者，体非虚谬，诸法真理，法实性故。

《对法论》等，明非妄倒，名曰真如。

《对法论》第二曰：何故真如，说名真如？由彼自性无变异故。谓一切时无我实性无改转故，说无变异。当知此则是无我性，离二我故。《成唯识论》第二曰：理非妄倒，故曰真如，正与此文同也。

此十三类名，唯所观理，唯真智境。恐文繁广，略举尔所，非更无也。

此结文也，如文易知。

谓法界、法性、不虚妄性、不变异性、平等性、离生性、法定、法住、法位、真际、虚空界、无我、胜义、不思议界等十四名，如《大般若》广释，合前三十一单名。

法界者，由圣法因义，说为法界，以一切圣法缘此生故。此中界者，即是因义。法性者，性者体义。一切法体，故名法性。不虚妄性者，湛然离倒，名不虚妄。不变异性者，谓一切时，无我实性无改转故，说无变异。平等性者，遍诸法故，名平等性。离生性者，离生灭故，名离生性。法定者，诸法之中，其性定有，故名法定。法住者，真如住在诸法之中，体性常有，名为法住。法位者，法有染净，离染得净分位显之，名为法位。真际者，由无倒义，说为实际，非诸颠倒依缘事故。虚空界者，虚空者谓无色性，容受一切所作业故。无我者，性离二我，名无我。胜义者，由圣智境义，说为胜义，是最胜智所起义故。不思议界者，名言路绝，寻思道息，故名不思议。已上十四名之中，法界等十一名，《大般若经》第二百九十六会有其文。法位、无我、胜义三名，则彼经中无之。法位之名，《法华经》中有之。无我、胜义之名，《中边论》有之。

二名有四。《瑜伽论》中，施设、非施设，浅深异故，名为安立、非安立谛。即《胜鬘经》有作四圣谛、无作四圣谛。

《瑜伽》六十四曰：云何安立真实？谓四圣谛，苦由苦故乃至道由道故。云何非安立真实？谓诸法真如。

问：何为有作、无作四圣谛？

答：《玄赞》曰：有作四圣谛者，分段生死、十二因缘名苦，烦恼及业名集，择灭名灭，生空智品名道。无作四圣谛者，变易生死、五蕴名苦，所知障名集，无住涅槃名灭，法空智品名道。

问：《瑜伽》所说之安立、非安立乃是四谛及一真法界，而《胜鬘》所说之有作、无作，则俱是四谛。由此言之，则无作与非安立体义既殊，今何云同耶？

答：《胜鬘经》所说无作四谛名非安立者，此有二义，即：一、微隐难知非粗浅境名非安立，此义与《瑜伽论》所说之非安立则颇有殊也。二、或有随观察二空真如不作别观名非安立，此义则与

《瑜伽》非安立是同也。今章主盖依后义相摄也。《幽赞》释无作四谛出此二义,《唯识述记》中则唯出后义。故彼文说加行位，云此位菩萨于安立谛、非安立谛皆亦学缘,或总作一实真如或别作二空，别总三心非安立，不唯作四谛差别观。《胜鬘经》说有作、无作四谛，其无作四谛即非安立也，有差别名言者名安立，无差别离名言者非安立也,云云。既以《胜鬘经》无作四谛同一实、二空、非安立，故知《瑜伽》之非安立与《胜鬘》之无作谛体义是同矣。

问：何故说有作、无作四谛耶?

答:《玄赞》云:若依法体有粗、有妙,能知之智有上、有下,《胜鬘》依此说有八谛，谓有作四圣谛、无作四圣谛。如是八圣谛，非二乘所知，即新经曰安立谛、非安立谛。

《涅槃经》中，亦名胜义、世俗二谛。

《涅槃经》说七番二谛。初一番，依人明二谛，后六番，依法明二谛。今随其所应，名胜义、世俗。

《显扬论》中，能诠、所诠，名名、事二法。

名者,能诠相也;事者,所诠相也。相、名、分别、正智、真如,此五法即是所诠相。于此五法为诠自性差别所发之言说，即是能诠相也。

此之三名，通能所观，亦真、亦俗，初、中、后智。

此上所标之三类二名，皆通能观智与所观境，亦皆通真谛与俗谛。其能观智皆通加行智、根本智、后得智。

《摄大乘》等，显所执无，名生法二无我，亦通能所观。唯真非俗，通初、中、后智。

《摄论》第八颂曰：诸菩萨所缘，不可言法性，是无分别智，无我性真如。世亲释曰：不可言法性者，谓由遍计所执自性、一切诸法皆不可言。何等名为不可言性？谓无我性所显真如，遍计所执补特伽罗及一切法皆无自性，名无我性。即此无性，所显有性，说名真如。

问：《摄论》文云无我性真如，今何云通能观耶？

答：智周曰，能观智亦名二无我法故。

问：能观无我智，通加行、后得，今何云唯真非俗耶？

答：加行智缘似真如，故随所缘云唯真。后得智疏缘前真如，故亦随所缘亦云唯真也。

三名有四。《解深密》等，显一切法有无事理种类差别，名为三性。

《解深密经》云：谓诸法相略有三种。何等为三？一者，遍计所执相；二者，依他起相；三者，圆成实相。云何诸法遍计所执相？谓一切法名假安立自性差别。云何诸法依他起相？谓一切法缘生自性。云何诸法圆成实相？谓一切法平等真如。

显三俱无遍计所执，亦名三无性。

《解深密经》云：胜义生，当知我依三种无自性性，密意说言一切诸法皆无自性，所谓相无自性性、生无自性性、胜义无自性性。善男子，云何诸法相无自性性？谓诸法遍计所执相。何以故？此由假名安立为相，非由自相安立为相，是故说名相无自性性。云何诸法生无自性性？谓诸法依他起相。何以故？此由依他缘力故有，非自然有，是故说名生无自性性。云何诸法胜义无自性性？谓诸法由生无自性性，故说名无自性性，即缘生法亦名胜义无自性性。何以故？于诸法中，若是清净所缘境界，我显示彼以为胜义无自性性。依他起相非是清净所缘境界，是故亦说名为胜义无自性性。复有诸法圆成实相，亦名胜义无自性性。何以故？一切诸法法无我性名为胜义，亦得名为无自性性。是一切法胜义谛故，无自性性之所显故，由此因缘名为胜义无自性性。

此二唯所观，亦通三智、真俗二境。

问：何故此三性、三无性唯是所观境耶？

答：《摄论》说十殊胜中，名此为所知相殊胜，故知此唯是所观境也。盖三性、三无性乃是三智所应知之境，故《摄论》名此为所知相也。

若言三性等观者，唯能观非所观，通三智及真俗。

三性等名，若加观言，称为三性等观之时，则唯是能观，即通三智及真俗谛。

《瑜伽》等中，明离系之方便，亦名三解脱门。

能观之智离系缚故名解脱，此三智是入净土之所由处，故名为门。三解脱门者：一、空解脱门，二、无愿解脱门，三、无相解脱门也。

表印深理，名三无生忍。

印者，忍可决定义也。深理者，真如理也。无生忍者，无漏智也。其三无生忍者，即是：一、本性无生忍，二、自然无生忍，三、惑苦无生忍也。《唯识述记》曰：忍者，智也，证印名忍。缘此三性生三忍也。遍计所执本体无生，依他缘起无自然生，证圆成时惑苦不起，是名三种无生忍别。

唯能观，非所观。唯本、后二智，通真及俗。

此三解脱门及三无生忍，皆唯是能观智，亦唯根本、后得智，通真谛及俗谛也。

四名有四。菩萨地中，明义总集，名四嗢陀南：诸行无常、有漏皆苦、诸法无我、涅槃寂静。

《瑜伽略纂》第一云：嗢陀南，此云集施，陀南者施也，嗢者集义也。以少略言集合多法施诸学者，令易受持，故名集施。

问：此四句何经所说耶？

答：《海龙王法印经》之所说也。此经乃义净三藏译者也。

《大智度论》显宗差别，名四悉檀：一、世界悉檀，二、第一义谛悉檀，三、对治悉檀，四、各各为人悉檀。

《大智度论》第一云：世界悉檀者，有情从因缘和合故有，无别性。譬如车辕，辐轴辋等和合故有，无别车。人亦如是，五众和合故有，无别人。各各为人悉檀者，观人心行而为说法，于一事中或听、或不听。对治悉檀者，有法对治则有，实性则无。譬如重热，腻酢咸药草饮食等，于风病中名为药，于余病非药。佛法中治心病亦如是，不净观思惟于贪欲病中名为善对治法，于瞋恚病中不名为善，非对治法。第一义悉檀者，一切法性，一切论议语言，一切是法、非法，一一可分别破散。诸佛、辟支佛、阿罗汉所行真实法不可破、不可散。上三悉檀中所不通，此中皆通。通者，离一切过失，不可变易，不可胜，云云。悉檀者，宗也，新云悉弹多。

此上二门，通能所观、真俗、三智。

此明唱陀南、悉檀二名，通能观、所观及真谛、俗谛也。能观即加行、根本、后得三智也。

问：此二类四名皆通能所耶？

答：智周曰，谈二四中有通能、所，非彼一一皆通能、所。如涅槃寂静、第一义谛并唯所观，余准此知。

诸论以初观粗，亦名四寻思，唯能观，非所观。唯加行智，非中、后智，通真俗二。

此名四寻思得名所以也。四寻思如前已释，余文易知。

诸论以后观细，亦名四如实智，亦唯能观，非所观，通三智，真俗所摄。

此明四如实智得名所以也。四如实智如前释，余文易知。

问：何故寻思智名粗，如实智名细耶？

答：寻思智是推求行相，故言粗；如实智是忍可智，故云细也。

五名有一。《仁王经》中，位别印可，亦名五忍：一、伏忍，在地前伏印故。二、信忍，在初、二、三地，创得不坏信，相同世间类故。三、顺忍，在四、五、六地，顺为出世行故。四、无生忍，在七、八、九地，长时任运，观无相理故。五、寂灭忍，在十地、佛地，因果位中圆满寂故。

伏忍者，在地前资粮、加行二位，作胜解行相，观真俗二谛境，渐渐伏除印可二取，故名伏忍也。信忍者，在初、二、三地，始得信佛、法、僧、戒四不坏信，同于世间有情，修施性、戒性、修性三福业事，故名信忍。顺忍者，在四、五、六地，顺二乘出世行，修菩提分法及四谛观、缘起观，故名顺忍也。无生忍者，在七、八、九地，长时任运观无相真如理，故名无生忍也。寂灭忍者，在十地、佛地，因行圆满，果德寂静，故名寂灭忍也。

唯能观，非所观，初唯加行智，后可通余智，皆通真俗。

忍者是智，故是能观。然初伏忍，唯是加行智，后四忍则通加行、根本、后得三智，五忍皆通真谛、俗谛，其义易知。

或名六现观。

一、思现观，谓最上品喜受相应思所成慧。二、信现观，谓缘三宝世出世间决定净信。三、戒现观，谓无漏戒。四、现观智谛现观，谓一切种缘非安立根本，后得无分别智。五、现观边智谛现观，谓现观智谛现观后，诸缘安立世出世智。六、究竟现观，谓尽智等究竟位智。

七觉支。

念等觉支、择法等觉支、精进等觉支、喜等觉支、轻安等觉支、定等觉支、舍等觉支。如《大般若》四百十三所明。

八圣道。

正见、正思惟、正语、正业、正命、正精进、正念、正定。如《大般若》四百十三所明。

九奢摩他。

《瑜伽》三十曰：若于九种心住中，心一境性，是名奢摩他品。云何名为九种心住？谓有苾刍，令心内住等住、安住近住，调顺、寂静、最极寂静，专注一趣，及以等持，如是名为九种心住。意谓此九种心住中，各有心一境性，故心一境性成九种，名为九奢摩他也。

十无学法。

即于前正见等八圣道，如无学正解脱，与正智，是即十无学法也。如《显扬》第三所明。

四念住。

谓身、受、心、法也，即观身不净、观受是苦、观心无常、观法无我是也。

四正断。

一、律仪断，谓于已生恶不善法，为令断故。生欲策励，发勤精进，策心持心，故名正断也。二、断断，谓于未生恶不善法，为不生故。生欲策励，发勤精进，策心持心，故名正断也。三、修习断，于未生善法，为令生故。生欲策励，发勤精进，策心持心，故名正断也。四、防护断，谓于已生善法，为欲令不忘失。生欲策励，发勤精进，策心持心，故名正断也。具如《伽》二十八所明。

四如意足。

二十八云：一、欲三摩地断行成就神足，二、勤三摩地断行成就神足。三、心三摩地断行成就神足，四、观三摩地断行成就神足，云云。如意者，自在义，亦名神足。妙用无方曰神，即变化心也。神之所依名足，其体即定是也。

五根。

即信根、精进根、念根、定根、慧根也。

五力等。

即信力、精进力、念力、定力、慧力也。

非菩萨正观，故不别说。

上所标六现观乃至五力等名，是三乘通观之法，非唯菩萨正观，故不必别说之也。

如是一切，虽异名说，皆是此中唯识境智差别名也。

此是结文，如文可知。

# 四、何识为观

第四何识为观者。大众部等说，六识有染，皆能离染。

此明大众部等之计也。等者，等取一说部、出世部、鸡胤部也。《断障章》云：大众部等四部及化地部，六识皆能为断障道，说五识身有离染故，云云。

问：所云五识离染，其义云何？

答：《宗轮论》云：眼等五识身，有染有离染。

问：此部有何失？答：计五识离染，违大乘义，故为失也。

犊子部等说，五识非染，亦非离染，第六俱有。

此明犊子部等之计也。等者，等取法上部、贤胄部、正量部、密林山部也。

问：所云五识非染，其义云何？

答：《宗轮论疏》云：五识无染，亦无离染。但有无记，都无善恶，无分别故。有分别者，有善恶故，云云。

问：此部有何失？

答：计五识非染，违大乘义，故为失也。

萨婆多等，六识有染，离染唯第六。

此明萨婆多之计也。等者，等取除上十部之其余九部也，即多闻部、香转部、经量部、说假部、制多山部、西山住部、北山住部、法藏部、饮光部也。

问：此部所立之义云何？

答：《杂心》云：离欲及退时，当知在意识。《俱舍》亦同。智周云，问：此等小乘，既不作唯识观，何故叙之？答：此泛叙之，彼无此观。或彼能断惑智是唯识故，亦此门摄。

于大乘中，古德或说七识修道、八识修道，皆非正义，不可依据。

此明大乘古德计也。此有二类，即七识修道师及八识修道师也。后魏菩提流支三藏，谓七识修道，真谛三藏谓第八识修道也。此二说皆违《瑜伽》义，故云皆非正义也。

若能观识，因唯第六。《瑜伽》第一云：能离欲是第六意识不共业故。

此下明大乘正义也。《瑜伽》云：又诸意识，望余识身，有胜作业，谓分别所缘、审虑所缘，若醉若狂，若梦若觉，若闷若醒，若能发起身业语业，若能离欲，若离欲退，若断善根，若续善根，若死若生等，云云。此十五不共业中，既具离欲不共业，故以第六为能观体也。

通真俗、三智，余不能起行，总缘观理趣入真故。

此明能观识通真谛、俗谛并加行、根本、后得三智，兼明余七识非能观之所以也。谓除第六识，所余七识，不能起空等三行及苦等十六行，总缘遍法观三性理及四谛理趣入真见道，故云不能趣入真也。

《瑜伽》又云：审虑所缘唯意识故。

此即是十五不共业中之第二不共业也。所缘者，即常、乐等四颠倒中之无常等理也。

第七由他引亦唯此观，通中、后智。

此明第七识亦为能观也。第七识能为第六识之所引，故亦能为唯识观也。谓地前第六识作唯识观故，人见□时，第七识亦同时□□□□。今约地前之加行言，故云第六识能引第七识也。通中、后智者，谓通正、后二智也。以此非是趣求之智，故不通于加行智也。

佛果通八识，能为唯识观。三智通真俗、理事二门。成事非真，唯观俗识。此解依论，理或有真。

此明果位之能观也。佛果自在，故通八识为能观体。此中圆镜、平等、妙观三智，通真谛正体智、俗谛后得智。正智证真如理门，后智缘依他事门也。成所作智，则唯有后得智，无有正体智也。

问：何故成事智无正体智耶？

答：《章》云“此解依论”，盖依《成唯识论》护法菩萨所云，随作意生，缘事相境，起他业故，后得智摄故也。

问：若尔，何以又云“理或有真”耶？

答：此叙亲光菩萨义也。亲光菩萨《佛地论》云：经曰，法智彼所缘，自在无尽相。论云：法者，大圆镜智；智者，平等性智；彼所缘者，即余二智。由对治力，转去世间分别六识，转得清净依他起性。或出世间或世出世彼后所得，缘上真如及法智等依他起性以为境界，云云。

问：何故云观俗识耶？

答：所观俗谛，以识为主，相从立名，故云识也。下云真如识，准此可知。

但真如识，定非能观。若论所观，八识皆通因果二位，真识亦尔。

此明所观体也。真如识唯是正体智之所观境，故定非能观也。八识则于因果二位中皆成所观境。盖因位中之八识，则为妙观、平等二智之所观境。果位中之八识，则通为四智之所观境故也。真识亦尔者，盖因位中相似观真，果位中真实证真，故云真识亦尔也。

# 五、显类差别

第五显类差别者。其圆成真性识，若加行、后得观，是共相，非别相。以总缘遍法故，根本智观是别相，非共相，诸法别知故。

观真性识有三智，谓加行、根本、后得也。此中加行智、后得智观圆成理，名共相观，以总缘遍诸法之真如故。根本智观圆成理，名自相观，以亲证别别自相真如故。总缘遍法者，真如体性诸法皆有义名共相，缘此之智，名共相智，即是加行、后得智也。不缘诸法各别之性，故云总缘遍法也。诸法别知故者，真如乃诸法之实性，故非共相。缘此之智，名别相智，即根本智也。由缘诸法各别实性，故云诸法别知也。真如非自、非共，今随能观，分为自、共耳。如缘青色，若作青解，即是缘遍通共相之青色也。若不作此解，即是缘各别自相之青色也。缘真亦然。若加行、后得智缘真时作真解，则即是总缘遍通诸法之共相真如也。若根本智不作真解，则即是亲证别别自相真如也。为显缘如亲不亲别，故置总缘别知之言也。

然体非共相，万法不离此，理一无二故，亦

可名共相。诸经论云，共相作意能断惑者，依此道理，及前加行，并能诠说。然诸法上各自有理，内各别证，不可言共。

此明根本智观真如亦名共相之义也。然体非共相万法不离此者，盖真如理遍在诸法，无有一法无真如性。故《中边》云：以离真法界，无别有一法。故通达此者，于共相无倒。故知真如亦名共相也。犹如无常等遍诸行故，名为共相也，真如亦尔。诸经论等者，谓《佛地经》及《瑜伽》《对法》等论也。《佛地经》云：又如世界大小轮山之所围绕，如是如来妙观察智不愚一切自相、共相之所围绕。其《论》云：如是如来妙观察智，遍知一切自相、共相，能断世间一切种惑。《对法》云：问，何等作意能断？答：总缘作意，观一切法皆无我性，能断烦恼。总缘作意者，谓合缘一切法共相行作意，云云。依此遂理及前加行并能诠说者，万法不离此理，故云“依此道理”也。依前共相加行，故能引无分别智，故云“及前加行”也。能诠名等于共相上转，故“并能诠说”也。由此多义，故云“共相作意能断惑”也。“然诸法上各自有理”等者，此证成名为自相观之所以也。意谓虽真如性由万法不离此理故，由前加行故，由能诠门故，亦名共相。然正体智内证诸法上各自所有之真理故，仍但应名为自相，不应名为共相也。此即是释成上文所云之“根本智观是别相，非共相，诸法别知故”之文者也。

问：若尔，正体智观真如，究应名之为何观耶？

答：就义虽可名为共相观，实则仍应名为自相观也。

其幻性依他识，或说因果，体俱一识。作用

成多，一类菩萨义。

《摄论》云：又于此中有一类师，说一意识，彼彼依转，得彼彼名。如意思业名身语业。无性释云：谓有一类菩提萨埵，欲令唯有一意识性，依于彼彼眼等生时，得彼彼名，所谓眼识乃至意识，此中无别余识种类。此如何等？如意思业。如一意思，在身处所发动于身则名身业，在语处所发动于语则名语业，与意相应名为意业。意识亦尔，世亲释云：一类菩萨，欲令唯有一意识体，彼复次第安立。如意思业名身语业者，如一意思于身门转得身业名，于语门转得语业名，然是意业。意识亦尔。虽复是一，依眼转时得眼识名，如是乃至依身转时得身识名，非离意识别有余识，唯除别有阿赖耶识，云云。

问：约识，小乘立六识，大乘立八识，今言立一意识者，究属何乘？

答：立八识大乘师中，有一类师，合八识而立一意识也。《成唯识论》云：或执诸识，用别体同。《述记》云：即大乘中一类菩萨，依相似教，说识体一。《摄论》第四，说一意识菩萨计也。

或因果俱说二。《决择分》中有心地说，谓本识及转识。

《瑜伽》六十三云：云何名为胜义道理建立差别？谓略有二识：一者，阿赖耶识；二者，转识，云云。本识、转识者，第八是诸识所依之根本，故云本识，余七识名转识。有三义：一者·三受改转故，谓或与苦受俱，或与乐受俱，或与舍受俱，二者，二性改转故，谓或与善性俱，或与不善性俱，或与无记性俱。三者，缘境易脱故，谓历缘诸境亦间断故。以此三义，故七识皆名转识也，第八识则无此三义，故不名转识也。

或唯因说三，《辨中边》云：识生变似义，有情我及了。

识者，即第八识也。义者，境也。有情者，五根也。此即第八识所变、所缘者也。我者，即第七识，以其恒执我故。了者，即前六识也。

《三十唯识》云：谓异熟、思量及了别境识，多异熟性，故偏说之。阿陀那名，理通果有。

异熟识者，第八识也，异类而熟，与因异性，果酬因故。思量识者，第七识也，思量第八，度为我故。

问：第八有多名，何故此云异熟，不说余名？

答：为通此难，故《章》云“多异熟性，故偏说之，阿陀那名，理通果有”也。

或因果俱说三，谓心、意、识。

《厚严经》云：心、意、识所缘。《楞伽经》云：藏识说名心，思量性名意，能了诸境相是说名为识。《深密经》名心意识品。《瑜伽》六十三云：此中诸识皆名心、意、识。若就最胜阿赖耶识，名心。何以故？由此识能集聚一切法种子故。于一切时，缘执受境，缘不可知一类器境。末那名意，于一切时，执我、我所及我慢等，思量为性。余识名识，谓于境界了别为相。

问：以思量我境名意者，岂能通果位耶？

答：《瑜伽》六十三云，问：如世尊言，出世末那云何建立？答：有二义：一、名不必如义，彼无漏第七不名末那，名是假故。二、能审思量无我相故，亦名末那，云云。故知可通果位也。

问：识者因位名，何云通果位耶？

答：识但在因者，约偏增义说也，实则果位亦有识义。若不尔者，佛果岂无无漏八识？

或唯果说四。《佛地经》等说四智品。

问：四智是智，今言识类，何故引之？

答：今取与智相应之净识为识类，故云相应心品也。《佛地经》云：有五种法摄大觉地，何等为五？所谓清净法界、大圆镜智、平等性智、妙观察智、成所作智。《佛地论》云：转第八识得大圆镜智相应心，能持一切功德种子，能现能生一切身土智影像故。转第七识得平等性智相应心，远离二执自他差别，证得一切平等性故。转第六识得妙观察智相应心，能观一切皆无碍故。转五现识得成所作智相应心，能现成办外所作故。

《胜鬘经》中说六识。

《胜鬘经》云：世尊，若无如来藏者，不得厌苦，乐求涅槃。何以故？于此六识及心法智，此七法刹那不住，不种众苦，不得厌苦，乐求涅槃。远法师《记》云：依基师意，释此文者，六识谓眼等六识也，心法智者，意识相应无漏智也。

问：《胜鬘经》既是大乘经，如何此经但说六识？

答：《成唯识论》云：然有经中说六识者，应知彼是随转理门，或随所依六根说六，而识类别实有八种。《述记》云：一随转理门，依少根器未建立于第七、八者说故。第二解，依不共根、不共境故说有六种，非谓尽理，而识类别实有八种。大乘之中于处门中不开识者，以此理通。

或因果俱说七，诸教说七心界。

七心界者，《瑜伽》《对法》等云，谓眼等六识界及意界。

问：立七心界时，第八识摄于何界耶?

答：意界所摄也。何以故? 无别所依根，无别所缘境。故以第八识摄于第七意界也。

或因果俱说八，谓八识。

因果俱说八者，谓眼识乃至阿赖耶识也。如《楞伽》《深密》《密严》等经，《瑜伽》《唯识》《百法》等论所说者是也。

或因果合说九。《楞伽》第九颂云：八九种种识，如水中诸波。依《无相论》《同性经》中，若取真如为第九者，真俗合说故。今取净位第八本识以为第九，染净本识各别说故。《如来功德庄严经》云：如来无垢识，是净无漏界。解脱一切障，圆镜智相应。此中既言无垢识与圆镜智俱，第九复名阿末罗识，故知第八识染净别说以为九也。

此明因果位合说故有九识也。引《楞伽经》者，为证第九识也。引《无相论》等者，为明第九识之体也。引《庄严经》者，为证成应以净第八为第九识也。《成唯识论述记》云：唯无漏依体性无垢，先名阿末罗识，或名阿摩罗识。古师立为第九识者，非也。然《楞伽经》有九种识，彼说真识名第九，名无垢识。如上下会，此无垢识是圆镜智相应识名，转因第八心体得之。

问：所云如上下会者，云何?

答:《述记》云:《楞伽经》中兼说识性，或以第八染净别开，故言九识。非是依他识体有九，亦非体类别有九识。

问：何者是第九识体?

答：章主虽取二义，然其志则以“净为第八识，为第九识体”之说为胜也。

或因八果三识。《佛地》等云：前十五界唯有漏故。

此叙《佛地论》一师所立之因八果三识之义也。《佛地论》云：若尔，净土非三界摄，便是无漏。若是无漏有为所摄，是即道谛，便是善性。云何得用色声香等为其体性？以十八界、十五有漏、八无记等，余处说故，云云。

问：《集论》云：前十五界唯有漏。护法菩萨如何会通？

答：《论》云：《集论》等说十五界等唯有漏摄者，彼依二乘粗浅境说，非说一切等，云云。

问：何故云十五界唯有漏，即说因八果三识耶？

答：既云十八界中前十五界唯有漏，后三界通无漏，此中意界摄第七、第八识，而意识界即第六识。因位加前五识，故云八识。果位除五识，故云三识也。

或因八果七识。安慧论师云，末那唯染故。

《成唯识论》云：此中有义，末那唯有烦恼障俱，圣教皆言三位无故。《成唯识论述记》云：安慧等云，灭定、圣道、无学，三位无第七识体也。护法菩萨立有净位第七识，如《成唯识论》所说。

或因果俱八识，如护法等正义所说。

此叙说因果俱立八识之正义也。八识之义如《成唯识论》中所说。

依他识中或说唯一自证分，谓安慧师。

或说唯二见、相二分，难陀师。

此是第二师立二分义者也。此师以《摄论》说唯二依他性为证。

或说有三，自证、见、相分，陈那师。

此是第三师立三分义者也。此师以《能断金刚般若经》云“一切有为法，如星翳灯幻，露泡梦电云，应作如是观”之文为证。

或说四分，加证自证分，护法师。

此是第四部立四分义者也。此师以四教立四分、三分、二分、一分。即以《楞伽经》说“由自心执著”等文合立一分，以《厚严经》说“一切唯有觉”等文立二分，以《集量论》说“似境相所量”等文立三分，以《厚严经》说“众生心二性”等文立四分也。

如是所说诸识差别，一往而论。依《成唯识论》云：八识自性，不可言定异，因果性故，无定性故，如水波故。亦非定一，行相、所依、缘相应异故，起灭异故，熏习异故。

如上所说识类差别，是一往之说。据实而言，非一非异也。《成唯识论》云：八识自性，不可言定一，行相、所依、缘相应异故。又，一灭时余不灭故，能所熏等相各异故。又云：亦非定异，经说八识如水波等无差别故。定异，应非因果性故，如幻事等无定性故。

《楞伽经》云：心、意、识八种，俗故相有别，真故相无别，相所相无故。

《成唯识论述记》云：心、意、识等，以理俗谛随事差别相故，可说有别。约胜义胜义，真故相无别也。

问：所云相所相者，其体是何？

答：《述记》云：识上何者为能相、所相？谓用为能相、体为所相。《义演》云：识上了别，用为能相，受等、领纳等用为能相，识、受等自体为所相。色等法以生住等为能相，色等自体为所相。

如是一切识类差别，名为唯识。

此结如上所明识类差别，名为唯识也。

此幻性识，若加行观，唯共非自。若后得观，通自相观，一一依他，各各证故。

上明所观识类差别，此明能观智类差别。

问：何故加行智观名共相观，后得智观名自共相观耶？

答：若如行智，总观诸法皆无我性，趣求所证，故名共相。若后得智，一一依他，别别知故，名为自相。

# 六、修证位次

第六修证位次者。《摄大乘》说，何处能入？

引《摄大乘论》以明能入位。有二问：一、问所入境，二、问能入所依之位。今取问能入位也。

谓即于彼有见，似法似义意言，大乘法相等所生起。

此答所入境也。有见者，廓法师作二释：一云，言有见者，若果对因，后生意识与耳识，俱名为有见。何者？耳识亲闻法义，故名为见。后生如理作意，远从耳识闻法而生。此之后果，有先因见，故名为有见也。此言俱者，是远俱，非近俱也。二云，若体对用，意言自体，与见分用俱，故名有见，云云。若依初释者，彼者意识也；若依后释者，彼者自证分也。似法似义者，明所入境界之相也。"似"有二义：一云，影响文义，似本质故；二云，依他文义，似心外故也。意言者，明境界体也，即意识是也。大乘法相等者，明境界之因也。所生起者，谓境从因生也。其意盖谓，此所入似义似文意言之境，乃是依《华严》等大乘法相闻熏所生起者也，此境即是所入处也。

胜解行地、见道、修道、究竟道中。

此答能入所依之位也，即四位也。

于一切法唯有识性，随闻胜解故，如理通达故，治一切障故，离一切障故。

此明四位中对境修观之行相差别也。

无性解云：在胜解地，于一切法唯有识性中，但随听闻生胜解故。在见道中，如理通达此意言故。在修道中，由此修习对治烦恼、所知障故。究竟道中，最极清净，离诸障故。

无性《释论》云：何处能入者，问所入境及能入位，谓即于彼有见等者。谓于大乘法相所生决定行相，似法似义意言能入于此境界。能入是用，所入境界是业、是持。于此意言，或有能入在胜解行地，于一切法唯识性中，但随听闻生胜解故。或有能入在见道中，如理通达此意言故。此中如理而通达者，谓通达彼非法、非义、非所取、非能取故。或有能入在修道中，由此修习对治烦恼、所知障故。或有能入在究竟道中，最极清净，离诸障故。

《成唯识》说：云何渐次悟入唯识？

《成唯识论》云：如是所成唯识相性，谁于几位，如何悟入，云云。此中有三问：谁者，问能入人也；于几位者，问所经之位也；如何悟入者，问悟入之方便也。《论》又云：谓具大乘二种姓者，略于五位渐次悟入，此即答上三问者也。

谓诸菩萨，于识性相，资粮位中能深信解。

此最初资粮位也。《成唯识论述记》云：资粮位中，能深信解。虽亦伏除，未多分故少而不说。信解初增，但名信解。

在加行位，能渐伏除所取、能取，引发真见。

此第二加行位也。《成唯识论述记》云：初伏所取，次伏能取，伏令不起，故名为除，非离伏时别名除也。

在通达位，如实通达。

此第三通达位也。《成唯识论述记》云：方起无漏现行二智，证实相性故。

修习位中，如所见理，数数修习，伏断余障。

此第四修习位也。《成唯识论述记》云：十地行多，时劫长远，念念进习，名数数修，伏余烦恼，断余智障。此等位中，虽亦修证余行、余法，唯识为本，方修余行，故但言唯识。

至究竟位，出障圆明，能尽未来，化有情类，复令悟入唯识相性。

此第五佛位也。《成唯识论述记》云：全出二障，功德智慧无不周备。不同小圣，故名为圆。无阙少故，简二乘也。其福智二，清净极盛，无有能过，不迷不暗，故名为明。此简菩萨，第十地菩萨虽皆遍有可名为圆，未清净故，如罗縠中视月等故，不名为明，能尽未来化导一切，复令悟入唯识相故。显非自济，成己度人，故名法轮。轮者，转义。

五十九说：云何能断烦恼？齐何当言已断烦恼？谓善法资粮已积集故，已得证入方便地故，证得见地故，积集修地故，能断烦恼。得究竟地，当言已断一切烦恼，正同《唯识》。

此明标《瑜伽》所说之五位，与《成唯识》所说之五位相同也。彼论中具有八问，今章取要只出初二问。次六问非此所明，故不举也。所云“谓善法资粮”乃至“能断烦恼”者，即答“云何能断烦恼”之问者也。“得究竟”地以下者，答“齐何当言已断烦恼”之问者也。论中答此二问有六复次，今文但取其一也，余五复次，非此所明，故未取也。以答文配五位，寻文易知。

《摄大乘》中，以资粮道闻思位长，大劫修满，方起加行。等持位中，作唯识观，从多为论，但说四位，以观时少，略隐不说。《唯识》等中，据实为论，别修行相，见道前位，亦有伏除。

此会违也。会二论相违之所以也。《摄论》所以说四位者，以资粮道中多起闻思，经一大劫修唯识观。加行道中，从回向终加功进趣，修唯识观，时长短异。以短从长，但说四位，故合初二位名胜解行也。《唯识》所以说五位者，据实而论。资粮、加行二位，各自别修行相故也。见道前位亦有伏除者，即显加行位亦能伏除分别二取也。

《摄论》《唯识论》等，各言暖等中作寻思等观，故亦伏除。

此引证以成上文所云“见道前位，亦有伏除”之义也。意谓《唯识论》中所以地前分二位者，以资粮位偏重胜解之义，加行位偏重伏除之义故也。

直往迂回，地前皆同。迂回之人，虽得无漏，游观心中，亦不能伏除。未证真识，终不能了如幻识故。

此通伏难也。难云：若云地前有伏除者，顿悟可尔，未得无漏故。渐悟之人，随断烦恼即得无漏。既得无漏，即可以断二取，何须更说伏耶？故今通云：顿悟、渐悟，地前皆同，以有漏寻思如实观伏除二取。此中渐悟之人虽得一分生空无漏，是游观故，不能伏除。所以者何？未证法空无漏真理，不能了达依他如幻故。是故亦但能以法空有漏寻思等智，伏除二取现行，所以仍与顿悟者同也。智周曰：虽起生空本、后二智，以不断惑，但云游观。

问：何故迂回之人寻思等观，唯是有漏，非无漏耶？

答：未证法空，不可实证唯识，故但能以有漏心作寻思等唯识观也。

上来明位，下当辨修。辨修有三：一、证修，二、相修，三地修。

证者，证知也。修者，修习也。修习有漏、无漏观，证知依他、圆成之理，故名证修也。相者，体相也。修者，修习也。观行者，修习有漏、无漏观，令智种子与智现行之体相展转增胜，生长圆满，故名相修也。地者，九地也。修者，修习也。随在何地修唯识观，增胜自地、他地之观心种子与其现行之体用，故名地修也。

证修者，此见道前，虽作真俗二唯识观，似而非真。入见道中，真相见道俱了真识，后得俗智方了俗识。四地以前，真俗别观。第五地中，真俗方合。然极用功，始能少起。至第六地，无相虽多，未能长时。于第七地，方得长时，犹有加行，亦未任运。八地以上，无勉励修，任运空中，起有胜行，真俗二识，恒俱合缘。至佛位已，三智俱能缘真俗识。第六不定，随意乐故。成事唯俗，行缘浅故。或亦通真，自在满故。

此明证修之行相也，即明地前、地上及佛位证修之行相也。此见道前乃至非真者，明地前相似观之证修也。谓地前位虽作有漏真俗二观，证知相似依、圆二性之理，然是相似证知，非真实证知也。入见道中等者，真见道中，无分别正体智起，证了真如。相见道中，无分别后得智起，疏变相分缘了真如，故云俱了真识也。有分别后得智亦证了依他如幻，故云方了俗识也。真如是识之实性，故云真识。依他是识为主，故云俗识也。四地以前等者，四地以前，正体智观真如，后得智观依他，不能合观，故云别观。第五地中，真俗双观，然用功用，故云方合等也。至第六地等者，五地以前有相观多，第六地中无相观多。至第七地纯无相观，然有功用。八地以上无功用修，故云任运空中，起有胜行也。至佛位等者，佛果位中，此有二义：一义云，大圆、平等、妙观三智，俱缘真俗二谛，谓一智一念中双缘二谛也。然此三中，妙观察智有不定义，或时如大圆、平等，一念中缘二谛；或时唯缘真谛，自受用法乐；或时唯缘俗谛，说法利生。故云第六不定等也，成事唯俗等者，但缘事相之境，故云缘俗也。此是护法义也。一义云，四智皆缘真俗二谛，故云或亦通真等。此是亲光义也。

相修者，云何名为修唯识观？谓令有漏、无漏观心种子、现行，展转增胜，生长圆满。

此明相修也。随显相说，资粮、加行二位观心，名为有漏。后三位观，名为无漏。随位分齐，各有成满，故云生长圆满。

初修习位，随所闻法托境思惟，令此观心纯熟自在。后伏所取、能取二执，观心转明胜，境相像渐微，忽心境乃冥，观转成无漏。如是展转，下转成中，中转成上，究竟圆满，名之为修。

此明五位观心之相状也。初修习位乃至自在者，明资粮位也。后伏所取乃至渐微者，明加行位也。忽心境乃冥观转成无漏荇，明见道位也。如是展转乃至成中者，明十地修道位也。中转成上等者，明究竟位也。

于初二位，有漏三慧，皆现、种修，种修无漏，用渐增故。通达位中，唯有修慧，纯是无漏，通现、种修。种修有漏，在修习位。七地以前，有漏、无漏，皆具三慧，通现、种修。八地以上，无漏三慧，通现、种修。种修有漏，于究竟位，有漏皆舍，无漏满故，而更不修，然具现种、真俗二门无漏之观。

此重明五位修习之差别也。即三分别：一约三慧分别，二约现行、种子分别，三约有漏、无漏分别也。

地修者，有得修、习修。《对法论》曰：又，道生时能安立自习气，是名得修。从此种类展转增盛，相续生故。又即此道现前修习，是名习修，由即此道现前行故。

《对法论》中说四种修义，谓得修、习修、除去修、对治修也。释此有二复次：初依四正断释四修。今此所引者，乃是第二复次中释初二修之文，故有“又”言也。文中有本论，有释论。即又见道生时等者，本论也；从此种类等者，释论也，即释得修者也。又即此道等者，本论也；由即此道等者，释论也，即释习修者也。修唯识观，有现行修，有种子修。缘现前境观心现行，名现行修，又名习修，学习现境唯识理故。由此现地道力，令自观心种子种类，展转增长，名种子修，亦名得修，观心种类转成就故。

习谓现行，得谓种子。

此章主之结文也。

有依下地起下地心，习修唯下，得修通上。得缘上境，令势增长，下体用俱增，上唯用增故。

此下明地修修行之相。有四类，今是第一句也。身在下地，起下地心修唯识观之时，现行修唯下地，种子修亦通上地。下地种子，体用俱增；上地种子，但用增也。

《成唯识》云：前三无色有此根者，有胜见道傍修得故。

为欲证成上文所言“有依下地起下地心”之义，故引此文也。

问：如何以此文为证耶？

答：身在欲界，入菩萨见道之人，彼即以第四定为所依定，而以第四定之无漏心入见道。彼已傍修前三无色地之世俗智种子，其现行修即在下地之第四定，其种子修即通上三无色地。故以此文来证上文之第一句也。

问：身在欲界，入见道者何人乎？

答：顿悟菩萨或渐悟菩萨皆可也，但渐悟菩萨，其依身亦有通色界者。

有依下地起上地心，习修唯上，得修通下地。

此第二句也。依下地者，明所依之定也。谓若依初禅定起二禅以上心修时，其现行修唯在二禅已上，其种子修则通上下地也。

有依上地起上地心，习修唯上，得修亦通下。

此第三句也。依上地者，明所依之定也。谓依第二禅乃至非非想上定，起第二禅乃至非非想上地心修时，其现行修唯在第二禅已上乃至非非想地，其种子修则亦通下无所有处乃至下初禅也。

有依上地起下地心，习修唯下，得修通上。

此第四句也。依上地者，明所依之定也。谓依第二禅定起初禅心，乃至依非非想定起无所有处以下心修时，其现行修唯在下初禅乃至下无所有处，其种子修则亦通上二禅乃至非非想地也。

诸上修下及自地修，通一切品。下修上者，必是曾得自在者修，非余品类。

此结上四类分别能修之人也。上修下者，第四句全，第三句得修也。自地修者，第三句全，第一句习修也。下修上者，第一句得修，第二句全也。通一切者，不简曾得、未曾得，自在、未自在也。曾得者，先于异生位曾修上定之菩萨也。自在者，得定自在之菩萨也。非余品类者，简初修业人及渐邻近人也。

《对法论》云：下地不能修于上者，以诸初业及渐邻近习修者说，未得自在，未得上定，不能上修，近未生果故，非胜者可尔。

此会违并重成前义也。

问：所云诸初业等者，谓何人耶？

答：初业者，翻上曾得者，即是未曾修得上定之人也。渐邻近者，翻上自在者，即是未得定自在之人也。未得自在者，表渐邻近人也。未得上定者，表初业人也。近生果者，谓未得自在人。虽未得上定，而渐邻近上界之生果，故云近生果也。未生果者，谓初业人非曾得故不能得上定，未能得上界之生果，故云未生果也。

# 七、观法何性

第七观法何性者。此有二种：一、能观，二、所观。能观定非遍计所执，彼无体故。此据正义。言正义者，护法义也。

有漏观者，定属依他；无漏观者，二性所摄。常无常门，属依他起；有、无漏门，摄属圆成。决定无唯属圆成者，非真理故。

以有漏加行智为能观时，则定以依他起为体。以无漏正、后二智为能观时，则以依、圆二性为体。然约圆成有二门：若约常无常门者，则应以依他为能观，不可以圆成为能观，盖常门圆成是真如故；若约漏、无漏门者，则应以圆成为能观，不可以依他为能观，盖无漏门圆成，是清净依他故。决定不可以唯真如圆成为能观体，以能观智非真如理故。

即显地前唯是有漏依他能观，七地已前，有漏、无漏二性能观；八地以上，唯以无漏二性能观。

地前寻思如实智观，但是有漏依他起性。地上七地以前，若妙观察智生起时，则以无漏二性为能观；若妙观察智间断时，则以有漏依他为能观。八地以上，妙观察智相续无断故，唯以无漏二性为能观也。

所观性者，《摄大乘》云：如是菩萨，悟入意言似义相故，悟入遍计所执性；悟入唯识故，悟入依他起性。若已灭除意言闻法熏习种类唯识之相，乃至尔时菩萨平等平等无分别智已得生起，悟入圆成实性。

《摄大乘论》云：如是菩萨悟入意言似义相故，悟入遍计所执性；悟入唯识故，悟入依他起性。云何悟入圆成实性？若已灭除意言闻法熏习种类唯识之相，尔时菩萨已遣似义相，一切似义无容得生，故似唯识亦不得生。由是内缘，住一切义无分别，名于法界中便得现见相应而住。尔时菩萨平等平等所缘、能缘无分别智已得生起，由此菩萨，名已悟入圆成实性。

问：何故引此悟入三性之文，以明所观体耶？

答：以三性是菩萨所观之法故。

问：二谛三无性，亦是菩萨所观之法，何不以之为体耶？

答：二谛三无性，皆是三性所摄，故不别明也。

又云：名事互为客，其性应寻思。于二亦当推，唯量及唯假。实智观无义，唯有分别三。彼无故此无，是即入三性。初半颂，悟入遍计所执；次半颂，悟入依他起性；后一颂，悟入圆成实性。

释已见前。

《成唯识》云：非不见真如，而能了诸行，皆如幻事等，虽有而非真。如是上下三处不同。

《成唯识论述记》云：此是《厚严经》颂。虽依他有，而非真有，要见真已，后见依他。与长行同。

问：如何与长行同耶?

答：《成唯识论》云：无分别智证真如已，后得智中方能了达依他起性如幻事等，云云。言等者，等取阳炎、水、月、镜像、光影、谷响、梦境、变化，即依他八喻也。

《摄论》初文：暖、顶二位，悟入所执；忍、世第一法，悟入依他；初地初心，入圆成实。《摄论》第二文：暖、顶寻思，悟入二性；四如实智，悟入圆成。《成唯识》文：要入初地，方悟三性。

此明上文所引三文，悟入三性位之差别也。

问：其差别云何?

答：《摄论》初文所云悟入意言似义相故者，此谓暖、顶二位，了知诸义唯是遍计分别所执。观所取空，此是悟入遍计所执也。次文所云悟入唯识故者，此谓忍、世第一法位，了知一切唯意言性。由此亦观能取亦空，此是悟入依他也。次文所云若已灭除乃至唯识之相者，此明悟入圆成之因也。次文所云尔时菩萨已遣义相乃至亦不得生者，又重明悟入圆成之因也。次文所云由是因缘等者，明入见道正悟入圆成之义也，无分别名者，即真如也。所缘者，谓真如也。能缘者，谓真智也。次《摄论》第二文，初一颂，说暖、顶位悟入所执及依他也；后一颂，说忍、世第一法位悟入圆成也。次《成唯识论》文者，盖说见道位悟入三性也。

虽有三文，义理唯二：一者，实证；二者，相似。

此明上所引之三文，有实证观与相似观之二种分别也。

《成唯识》中，据实亲证，由无漏二智，真、俗前后方可证得后二性故。证二性时，不见二取，即名证彼计所执无。

此明非不见真如等文，是实证观之所以也。见真如者，谓正体智证圆成也；了诸行者，谓后得智悟依他也。即此正、后二智证圆成、依他之时，遍计所执所取、能取现前故，亦名悟入遍计所执也。

无法体无，智何所证，心所变无，依他起摄。真如理无，圆成实摄，故计所执，不说别证。但于二性，不见二取，可名悟入遍计所执。

此通伏难也。难曰：若谓《唯识论》文，是言悟入三性者，何故证二性时，不见二取即名悟入所执，而不别说证所执耶？今通之云：遍计所执无体，智何所证？盖心所变上之遍计所执，是依他起性所摄；真如理上之遍计所执，是圆成实性所摄。是故证二性时，不见二性上之遍计所执，即可名之为悟入所执，可以不必别说、别证遍计所执也。

然正体智达无证理，多说此智证计所执。虽见道前亦已不见，未亲得二，不名证无，故于初地方名证得。

此亦是通伏难也。难云：若言正、后二智俱证所执无者，何故诸处皆云证真如智、证所执无耶？又地前加行位既观二取空，今何乃云见道证二取无耶？故今如此通之，其文易知。亦已不见者，不见遍计二取也。未亲得二者，未亲得正体、后得二智也。

《摄论》初文，悟圆成者，据实证得，与《唯识》同。悟前二性，据相似悟。长时多分，意解思惟前二性故。短时少分，虽亦相似，悟入圆成。非长时多分，亦非亲证，故据实说。

智周云：暖、顶、忍、世第一法，通此四位，思惟二性，名曰长时。忍、世第一法，少时亦有悟圆成者，所以二性名多分也。短时少分者，世第一法名为短时，忍位名为少分也。

《摄论》次文，悟入三性，总据相似意趣而说，创观名事不相属故，名悟入所执。次观唯有识量及假名等诸法，虽未证实，名悟依他。如实智位，虽实有相而未证真，二取俱亡，与真智观相似。趣入意解，亦谓即是真如，故实智位名入圆成，实未悟入。

此明《摄论》次文“名字互为客”等颂是相似观之所以也。即暖、顶位以寻思观，观名事互为客，唯量及唯假等，是悟入所执及依他也。忍、第一法位以如实观，观唯有分别三彼无故此无等，是悟入圆成也。言虽实有相者，谓有似圆成之相也。

《摄论》据相似意解三性，别明悟入。《唯识》据真实，别证二性，通证所执。虽文有异而不相违。余所有文，皆准此释。

此会二论之相违也。意谓《摄论》两处之文，皆为初修业人约相似观而说，故说悟入三性，以初修业人，先悟浅、后悟深故也。《唯识论》文，乃为久修业人，约实证观而说，故说悟入二性而遍计所执，即含在悟入二性中矣。以久修业人既先悟深，自然悟浅故也。故彼此两论文虽有异义，不相违也。

# 八、诸地依起

第八诸地依起者，此中有二：初辨依身，后明地起。

此明修唯识观之身心也。地者，九地，即明心也；依者，依身，即明身也。

依身者，若顿悟者，初起依于欲界身，得创发胜心，唯欲界故。

问：何故顿悟人修唯识观，初起必在欲界耶？

答：初发胜心是极难故，所以要依有胜慧、胜厌之处，方能初发大心也。谓欲界得遇佛菩萨等善友，得闻教法，故能有猛利之闻思慧，是名有胜慧也。欲界复有三苦、八苦等苦，故能起猛利之厌心，是名有胜厌也。有如是胜慧、胜厌为缘，故能发菩提心、发出世心也。故知初起唯识观，必依欲界也。

《显扬》等说，极戚非恶趣，极欣非上二。唯欲界人天，佛出世现观。

《释论》曰：于恶趣中不起现观，苦受恒随极忧戚故，不能证得三摩地故。色、无色界亦无现观，欣掉重故、厌羸劣故。是故二界三趣不起现观。唯一欲界人天二趣，有佛出世，能起现观。

初地已前，三界依身一切容得，许毗钵舍那菩萨生无色界，以无色心，了一切故。非此，何人得有是事？

问：许毗钵舍那至了一切故者，是指何处文耶？

答：指《瑜伽师地论》也。《瑜伽》六十五曰：无色界中，若定、若生外道、异生无色界系善作意，唯缘自地一切法。非下地，若毗钵舍那行菩萨，未得自在，及有广慧声闻乘等，若诸有学，若阿罗汉，彼无色界系善作意，亦缘下地一切法，云云。言若定者，谓身在下界修得无色定也。若生者，谓生彼界也。

问：毗钵舍那菩萨者，何位菩萨耶？

答：资粮位菩萨也。毗钵舍那者，此云观也。观者，慧也。资粮位菩萨，未能得定，由闻教法，闻思慧增，故随所行名毗钵舍那行菩萨也。即此菩萨业力多故，经一大劫之间，亦生无色界修唯识观也。智周曰：地前菩萨，任业受生，彼有三界业故，得生无色。若非菩萨，彼界何人能以一心缘一切法？故知三界俱可得起此唯识观，并据后起。

问：初地以前，三界依身一切容得者，加行位菩萨亦生无色界耶？

答：《灯》有三释：一曰资粮位及以暖、顶、下忍容许生彼，唯除上忍第一两位；一曰四善根菩萨生彼；一曰四善根位不生彼界，资粮位中许有生上，云云。后释为正。故知加行菩萨不生无色界也。

问：何故加行位菩萨不生无色界耶？

答：邻近见道故。谓入见道，必依欲界身起第四定无漏，而入见道。加行菩萨，若生无色长寿处，更经多劫，无有此事，故知不能生彼界也。

七地以前，得依欲、色二界身起，菩萨不生无色界故；八地以上，唯定依于色界身起，托胜所依得菩提故。

问：何故七地以前顿悟菩萨不生无色界耶？

答：《对法》曰，问：何缘菩萨不生无色界？答：若已证得最胜威德菩萨，凡所受生，皆欲利益安乐众生。以无色界非成熟众生处故，咸离无色界生，云云。

问：得依欲、色二界身起者，其义云何？

答：约顿悟菩萨，有二类，谓智增与悲增也。智增菩萨，初地生色界广果天，得变易身；悲增菩萨，七地以前犹分段身，欲、色界中随宜利生。合此二类，故云二界身起也。

其渐悟者，初二果人初起，必依欲界身得。不经生者，七地以前，亦通色界依身而起。

此明渐悟入修唯识观之依身也。此中有三类：初二果人合为一类，第三果不经生人为一类，经生人及第四果合为一类。今此文，明初二果人也。此中复有二：经生与不经生也。初二果人，有欲界俱生惑，未生上界。故回心向大，修唯识观初起，必欲界身也。初二果不经生人之后起，七地已前亦通欲、色二界者，此人未断俱生惑，故成悲增菩萨。七地已前犹受分段身，故通二界。若入八地，即无此义，唯依色界，与顿悟同矣。

虽未入地，亦不生无色，悲愿自在随受生

故。亦不因修，许转生故。不同顿悟，见道已前自已得无漏，彼业力多故。

此明初二果不经生人，虽未入地不生无色之所以也。此人回心成菩萨故，为利有情，悲愿受生。而无色界非利有情之处，故不生彼处也。因者，由也；修者，造也。若诸圣人，由造新业转生彼处，无有是处。故曰“亦不因修，许转生故”也。

或亦许生，三界业缚彼犹有故，非此生上厌下染故。

此明回心不经生之初二果人，亦生无色界也。此人犹有三界惑业，故亦生彼界也。言非此生上等者，通伏难也。智周曰：若尔，托胜所依而证菩提，既生无色，如何受佛大菩提耶？为有此难，故今说言：非此生上厌下染故。意谓此初二果回心之人生无色者，非欣上厌下生故，盖是暂生无色，将来尚须还生下界受变易身。不同二乘定姓之人，厌断下染，永生无色也。

若经生者，必不上生，发心及后起唯欲界故。

此别明初二果经生人之后起也。智周曰：此经生者，怖生死故，故于欲界初得后得，云云。盖谓欲界经生之圣人，虽已回心成菩萨，然亦不生上界，故其后起亦如初起，唯是欲界也。此是智增菩萨也。

第三果人不经生者，欲界发心后，通色界依身而起，不生无色，无利益故。

初二果位不经生者，得不还果，即名第三果不经生人。此人初起唯识观，必在欲界。后生色界，亦起此观。然不生无色界，以无色界非是利生之处故。

若经生者及第四果，欲界发心，初后唯依欲界身起；色界发心，亦唯依于色界身起。

欲界经生不还者，初起与后起，皆唯依欲界身修此唯识观，以其不生色界故。欲界不经生人成色界经生不还者，其初起与后起，皆唯依色界身修此唯识观，以其不还欲界故，不生无色故。第四果人在欲界发心者，其初起与后起，皆唯在欲界，以其不生上界故。若在色界发心，则其初后，唯在色界起此唯识观，以其不来欲界，不住无色故。

初证顿悟，必欲界身，由断生执，慧厌深故。

此重明顿悟入无漏观之初起也。

问：上文已云，若顿悟者初起，必依欲界身起，总明有漏、无漏初起已毕，今何更又重明耶？

答：先约发心说，今约断执说，故无失也。

问：何故断执，必用欲界身耶？

答：生执者，烦恼障也，此是生死之本，是可厌法，故须依厌殊胜之身以断之也；法执者，所知障也，是碍所知，故须依慧殊胜之身以断之也。故顿悟菩萨入见道时，必依欲界之身以断生、法二执，以欲界是厌慧殊胜之界故。

渐证初依，亦通色界。

此明渐悟入之初起亦通色界也。《断障章》曰：色界圣者，回心向大，断所知障，亦通色界，不同烦恼须胜厌心，云云。正与此同也。

《显扬》等说，唯欲界中入现观者，据各初入，非渐悟故；唯断法执，非深厌故。

此是会违，以重成渐悟初起，亦通色界之义也。意谓《显扬论》所言唯欲界人天入现观者，彼乃是约顿悟三乘，各初入自乘见道而说，非是约渐悟人说，故知不妨渐悟人亦于色界初发心入见道也。何以故？渐悟之人，唯须断法执。然断法执者，不必皆用胜厌，故不在欲界，亦能断法执以入见道也。

上明依身，下明地起。欲界自地，观通闻思，唯散非定，亦非无漏。此依正义，不取傍说。

此下明修唯识观所依之地也。总即三界，别即九地也。于欲界地修观之时，唯以闻思慧修。是散地故，不起修慧也。此依正义等者，说善十一中，轻安心所，论有二师义：一云，有义定加行亦得定地名，彼亦微有调畅义故。由此欲界亦有轻安。不尔，便违《本地分》说信等十一通一切地，云云。此即是傍说也。一云，有义轻安唯在定有，由定滋养，有调畅故。论说欲界诸心、心所，由阙轻安名不定地。说一切地有十一者，通有寻、伺等，三地皆有故，云云。此即是正义也。

问：何故不取欲界有定之义耶？

答：于欲界地，以自地心修唯识观之时，唯有闻思二慧，唯散非定，亦非无漏。何以故？以散地心不能修定，不能发无漏观故。若取欲界有定之义者，则此等道理皆不可成立。故应偏取正义之说也。

色界观中，通闻修慧；无色界观，唯修无余。色界无思慧，无色又无闻。诸教同故。此唯加行善，故非生得摄。

此明依色、无色定修唯识观分别三慧及二得也。色界定心，是微细故，无粗思慧。若欲思时，还堕修中，然能闻教法，故有闻修二慧也。智周云：以稍敛心即入定，故云无有思。有耳根故，故得有闻，云云。无色界中无耳根，故亦无闻慧，所以唯有修慧也。闻等三慧皆非生得摄者，以此三慧非暗昧故，加行得故。虽有前世亦修此三，然后身中必无任运得此三者。故此三慧非是生得，必要假少功力方乃能得之也。八地已上，虽无勉励加行，然有任运加行，所以皆是加行得也。

然依《瑜伽》六十五说，若定、若生，毗钵舍那菩萨未得自在，及得广慧声闻，若诸有学，若阿罗汉，以无色界心，了三界法及无漏法，故知无色亦有此观。菩萨即是见道已前四十心位，地上不生处处说故。广慧声闻者，随应说之，不愚法故。除此二外，不说余人亦得无色心通缘于一切。

身在下界，起上界定，名为若定；身生彼地，即起彼心，名为若生。言四十心者：一者，十信；二者，十住；三，十行；四者，十回向。此等释名，如《入道章》次第说之。言广慧声闻等者，《佛地论》云：深广缘满，善通达故，名为广慧，即是波罗蜜多声闻等。言随应说之者，不愚之名，通不定性声闻及定性声闻也。

菩萨见道及金刚定，唯第四定，后通诸地。色六、无色四，十地随应依起此观。断惑九、游观十，随应别说。

此明见道已上修唯识观所依之地也，即菩萨入见道所依定及金刚无间道断惑所依定，皆唯依第四定起。若见道后，修道十地断惑证理所依定，及金刚道后佛位所依定，则皆通上界十地起也。断惑九等者，上界十地断惑无漏在九地，以除非想地故也；游观无漏在十地，以不除非想地故也。

问：云何名为游观耶？

答：以其不断惑、不观理，所以名为游观无漏也。

无漏闻思，随依无爽。

依者，修慧也。谓义说闻思，随所依慧作唯识观亦无爽也。

上七未至，唯有欣厌。行相犹局，故不能作。

此明第二禅已上七未至定不修唯识观也。初未至心，总厌三界一切诸法，总缘诸谛行相最宽，上七未至，如地阶级，欣上厌下，不总缘诸谛，故云唯有欣厌也。

# 九、断诸障染

第九断诸障染者。障有二种：一、俱生，二、分别。此复有二：一、烦恼障，二、所知障。

问：论中以烦恼、所知为二障。何故此文先举俱生、分别耶？

答：此文约体，彼文约用，故不相违也。

问：云何名俱生、分别耶？

答：《成唯识论》说烦恼障云：然诸我执，略有二种：一者，俱生；二者，分别。俱生我执，无始时来，虚妄熏习内因力故，恒与身俱，不待邪教及邪分别，任运而转，故名俱生。分别我执，亦由现在外缘力故，非与身俱，要待邪教及邪分别，然后方起，故名分别，云云。所知障亦准此，但改“我”字为“法”字耳。

问：云何名烦恼障耶？

答：《成唯识论》云：烦恼障者，谓遍计所执实我，萨迦邪见而为上首，百二十八根本烦恼及彼等流诸随烦恼。此皆扰恼有情身心，能障涅槃，名烦恼障。

问：云何名所知障耶？

答：《成唯识论》云：所知障者，谓遍计所执实法，萨迦耶见而为上首，见、疑、无明、爱、恚、慢等，覆所知境无颠倒性，能障菩提，名所知障。

《成唯识论》第十卷云：分别烦恼障现行，资粮道中渐伏，加行道中能顿伏尽。种、习，俱初地断。

此下明所断惑总有五类，谓二障、三粗重、三随眠、四障、五住地也。今此初引《唯识论》明断二障也。此中有二，谓烦恼与所知也。今初明烦恼障也。此又有二，谓分别与俱生也。今先明分别也。《成唯识论》正文云：烦恼障中见所断种，于极喜地见道初断，彼障现起，地前已伏，云云。今取意引之，未全引正文也。《述记》云：分别种子，不论二乘，说菩萨者于极喜地见道初断，彼障现行地前已伏，故前卷云"唯能伏除分别二取"，此在加行位。若资粮位，此粗现行，亦能伏灭。二细现行，即未能伏，至加行位，分别细者亦皆能伏。

俱生烦恼障现行，地前渐伏，初地已上，能顿伏尽。然故意力，有时犹起，而不为失。八地已上，永不现行。习地地除，种金刚断。其身见等及此俱生，四地永伏，法执无故。此所生起，五地不行，以害伴故。

此引《成唯识论》以明俱生烦恼伏、断之差别也。《成唯识论》正文云：修所断种，金刚喻定现在前时，一切顿断。彼障现起，地前渐伏。初地已上，能顿伏尽，令永不行。如阿罗汉，有故意力，前七地中虽暂现起，而不为失。八地已上，毕竟不行。然故意力有时犹起者，谓悲增菩萨，七地以前，故起所留烦恼种子，令其现行，以其现行为受生缘，利益有情也。八地已上永不现行者，八地已上，第六识生空无漏智相续故，无由现起烦恼也。习地地除者，烦恼障习气，随逐所知障种子，能障十地，故随断所知障种子时，其烦恼习气亦即自然被断也。

其身见等及此俱生四地永伏者，《成唯识论》云：初、二、三地，行施、戒、修，相同世间。四地修得菩提分法，方名出世，故能永害二身见等。《述记》云：二身见者，谓初见道已，离第六识中分别身见，今此后离第六识中俱生身见尽处。总说名二身见，非今离二，如第四定言灭苦乐，又正断所知障身见等，并永不起烦恼障中身见等，故说二身见名，云云。《演秘》云：虽有二解，后解为胜。此所生起者，身见后位所生起之贪、慢等也。五地不行者，第四地中已断身见等，故此身见等所生起之贪、慢等，于五地不行也，故名为害伴也。

所知障中，分别现行，亦资粮道中渐伏，加行道中能顿伏尽。种、习，初地断。

此引《成唯识论》以明分别所知障伏、断之差别也。《成唯识论》正文云：所知障中见所断种，于极喜地，见道初断。彼障现起，地前已伏。《述记》云：菩萨加行，唯欣于智，见道已前，唯伏法执。其烦恼障，随此而伏。然由所知加行伏故，说烦恼伏，非前加行故伏烦恼，十地之中与烦恼俱所知障品，多分亦尔。非此俱者，地地可起。其意盖谓：烦恼障必与所知障俱起，所知障则亦有别起者也。

俱生现行，地前渐伏，乃至十地方永伏尽。

此引《成唯识论》以明俱生所知障之伏、断差别也。《成唯识论》正文云：修所断种，于十地中渐次断灭，金刚喻定现在前时，方永断尽。彼障现起，地前渐伏，乃至十地方永伏尽。《述记》云：此中断伏时节等解，如烦恼说，由于地地能为障故，故十地中渐次能断，乃至十地方永伏尽。由前道力，折伏后地所知障现，令其不行，名之为伏。

若别说者，前之六识，八地伏尽。种、习，皆地地断。七识现行，金刚喻定加行道伏。金刚喻定起时，种、习俱断。

问：何故前六识相应之现行，八地能伏尽耶？

答：《成唯识论》云：八地已上，六识俱者不复现行，无漏观心及果相续能违彼故。《述记》云：六识俱者，八地不行。以二空无漏无分别智心，及此果灭定后得智等，相续不断，能违第六识二执，故不行也。

《菩萨地》说：烦恼、所知障，皆有三住所断。

此引《瑜伽》四十八文，以明断三粗重也。《瑜伽》正文云：又由如是所说十二诸菩萨，住经三无数大劫时量，能断一切烦恼障品所有粗重，及断一切所知障品所有粗重。于三住中，当知能断烦恼障品所有粗重，云云。十三住中，除最后如来住，故云十二也。

一、极喜住。一切恶趣诸烦恼品，及所知障在皮粗重，皆悉永断。能令一切中上烦恼皆不现行，最初证得二空真智。

此明第一能断位及所断皮粗重之体也。一切恶趣诸烦恼者，即三界分别烦恼之现行与种子及习气中。中上烦恼者，即第七识相应之俱生烦恼之上中品现行也。下品现行，极微细故，不违道故，非此所伏也。二空者，即生空与法空也。

二、无功用无相住。一切能障无生法忍诸烦恼品，及所知障在肤粗重，皆悉永断。一切烦恼皆不现行，最初任运得无生忍。

此明第二能断位及所断肤粗重之体也。无功用等者，即第八地也。诸烦恼品者，前六识俱生烦恼之习气也。一切烦恼皆不现行者，七识俱生烦恼之下品现行也。所知障者，前六识俱生现行与种子及习气也。无生忍者，智之名也。

三、最上成满菩萨住。一切烦恼习气随眠，及所知障在骨粗重，皆悉永断，入如来住。

此明第三能断位及骨粗重之体也。最上成满者，第十地也。烦恼习气随眠者，七识相应之俱生烦恼习气与种子也。所知障者，前六识相应之所知障种子与习气，及第七识相应之所知障现行与种子及习气也。如来住者，佛果位也。

《解深密经》说，有三随眠。

《解深密经》云：观自在菩萨复白佛言：世尊，此诸地中烦恼随眠，可有几种？佛告观自在菩萨曰：善男子，略有三种：一者，害伴随眠，谓于前五地。何以故？善男子，诸不俱生现行烦恼，是俱生烦恼现行助伴。彼于尔时永无复有，是故说名害伴随眠。二者，羸劣随眠，谓于第六、第七地中微细现行，若修所伏不现行故。三、微细随眠，谓于第八地已上从此已去一切烦恼不复现行，唯有所知障为依止故。观自在菩萨复白佛言：世尊，此诸随眠，几种粗重断所显示？佛告观自在菩萨曰：善男子，但由二种，谓由在皮粗重断故，显彼初二；复由在肤粗重断故，显彼第三。若在于骨粗重断者，我说永离一切随眠，住在佛地。

一、害伴随眠。谓前五地诸不俱生烦恼，是俱生烦恼现行助伴，彼于尔时永无复有。此意说言：第六识俱身见等摄，说名俱生；所余烦恼，名非俱生。然体稍粗，因彼而起，由彼断故，此亦随无，故名害伴。

此明害伴随眠之体及其能断之位也。害伴随眠体者，即第六识相应之俱生烦恼与所知二障之现行也。

问：何以知然？

答：《灯》云：害伴羸劣，虽前第九正断所知，名二随眠，烦恼随伏，亦得此名，云云。故知然也。西明于此有三释：一云，此三种皆所知障；一云，初二烦恼障、第三所知障；一云，此三皆烦恼障，云云。皆非正义，悉不可用也。经云：诸不俱生烦恼是俱生烦恼现行助伴等者，此所言之俱生，非分别、俱生之俱生，乃指第六识相应身见俱起者，名之为俱生也。其不与身见俱起者，即名之为不俱生也。故《灯》云：此言俱生者，非对分别任运起者，名为俱生，云云。即此义也。西明谓不俱生者分别起，俱生者任运起，此非正义，不可用也。然体稍粗者，我见并与彼俱生之贪等，乃是迷理之惑，故是细也。我见及不俱生之贪等，乃是迷事之惑，故是粗也。因彼而起者，此不俱生之贪等，因彼我见等之所引生，故曰因彼而起也。由彼断故等者，释彼于尔时永无复有之文也。谓于前第四地，已断彼我见等，故今能于第五地，断此不俱生之贪等，故名为断害伴也。

二、羸劣随眠。谓第六、七地微细现行，若修所伏不现行故，非俱生身见断，此亦随灭，稍难断故。

此明羸劣随眠之体及其能断之位也。羸劣随眠体者，亦即第六识相应之俱生烦恼与所知二障之现行也。

问：何故名羸劣耶？

答：对前第五地所断之害伴随眠言之。此是第六、七地之现行障，稍微细故，故名羸劣也。

问：此障在第六、七地，一向现行耶？

答：《章》既云“若修所伏不现行故”，故知若不起伏道时，则微细现行；若起伏道时，即不现行也。非俱生身见断等者，此是章主之释文，盖明异前害伴随眠也。

问：何故害伴随眠第五地能断？羸劣随眠，六、七二地有现、有伏耶？

答：害伴粗，故易断，所以五地能断之；羸劣细，稍难断，所以第五地中不能断之。六、七二地中，尚任运现行，要起伏道之时，方能伏之也。

不违《楞伽》俱生身见断故，贪即不生。彼约二乘断烦恼说，不依菩萨所知障无故烦恼不生说。或依二随眠究竟断位，彼经、此论，亦不相违。

此会违也。违难云：若云身见在第四地断，不俱生羸劣随眠，在六、七地中犹行者，□□□□经□□生身见断□□□□生耶？今会此违，故作此二释也。初释意云：《楞伽经》意，约二乘断惑而说，盖谓二乘人断一地九品惑，彼断第九品我见时，余贪等即不生。约此义故，说贪等即不生也，非说菩萨断我见故，贪等烦恼不生也。故不相违也。第二释意云：《楞伽经》云，身见断故，贪即不生者，非谓断身见，故贪等即不生也，但谓若断身见则余贪等或少时不生，如害伴随眠；或经时后不生，如羸劣随眠耳。意指此二随眠究竟断位，以说贪即不生也。故彼《楞伽经》文与此《瑜伽》等论文亦不相违也。

三、微细随眠。谓于第八地已上，从此已去，一切烦恼不复现行，唯有所知障为依止故。

此明微细随眠之体并其所在之位也。微细随眠体者，即第七相应之所知障之现行也。《成唯识论》释此经云：如契经说，八地已上一切烦恼不复现行，唯有所依所知障在。此所知障，是现非种。《述记》云：八地已去，所有法执，是现行、非种子。此非第六识中法执现、种，说彼地地皆能断故。

问：若尔，微细随眠，八地已上唯有现行时，无有伏时耶？

答：第六入法空观时，则能伏之。今言现行者，约第六入单生空观时说也。

问：八地已上，二空无漏相续，今何云入单生空观耶？

答：生观长时相续，法观多分现起，少分间断。

问：微细随眠，唯是第七相应惑欤？抑通第六相应惑欤？

答：《灯》云：此三随眠，初二第六俱，七地已前断故。微细随眠，即通第七、八地已上，犹现行故，不说断故，云云。故知所谓微细随眠者，非唯是第七相应惑也，盖亦是第六相应惑也。

然由初地已断皮粗重故，方可显得初、二随眠位。复由第八地在肤粗重断故，显微细随眠位。若在骨粗重断者，我说永离一切随眠，住在佛地。

此重引经文，对三粗重，显三随眠所在之位也。

《宝性论》中或说四障：一、阐提不信障，二、外道着我障，三、声闻畏苦障，四、缘觉舍心障。

《宝性论》云：一者，谤大乘法，一阐提障。此障对治，谓诸菩萨信大乘故，偈言信法故。二者，横计身中有我，诸外道障。此障对治，谓诸菩萨修行般若波罗蜜故，偈言及般若故。三者，畏怖世间诸苦，声闻人障。此障对治，谓诸菩萨修行虚空藏、首愣严等诸三昧故，偈云三昧故。四者，背舍利益一切众生舍大悲心，辟支佛障。此障对治，谓诸菩萨修行大悲为利益众生故，偈言大悲故。是名诸菩萨摩诃萨信及般若、三昧、大悲四种修行如是次第，得如来身净、我、乐、常四种功德波罗蜜果。

十信第六心伏初障，信不退故。十住第四住伏第二障，分别我见粗不生故。此二种子，入初地断。第三所知障，五地断。乐于下乘涅槃之障，五地断故。缘觉舍心所知障，七地方断，六地犹观十二缘故。或初二烦恼种，见道断。后二烦恼种，金刚断。

此明四障之体并其能断位也，且明体有二释：一云，初二烦恼障，后二所知障；二云，四障皆唯烦恼障也。

《胜鬘经》说五住地烦恼，谓见一处住地、欲爱住地、色爱住地、有爱住地、无明住地。

此引《胜鬘经》以明五住地之惑也。经文云：烦恼有二种，何等为二？谓住地烦恼及起烦恼。住地有四种，何等为四？谓见一处住地、欲爱住地、色爱住地、有爱住地。此四种住地，生一切起烦恼。起者，刹那心、刹那相应。世尊，心不相应无始无明住地。《断障章》云：谓五住地，乃至此各有二：一、起，即五现行；二、住地，即五随眠。

问：此五住地惑，其体云何？

答：《述记》云：此五住中，初唯见道所断烦恼障，次三修道所断烦恼障，后一见、修所断所知障。初迷谛理胜，一处为言一处断故；次三各有九品迷事理惑，约界论之；后一障智，总名无明，无品数故，无有别迷谛行相故。

问：约界论者云何？

答：欲界惑名欲爱住地，色界惑名色爱住地，无色界惑名有爱住地也。

见一处住地，初地断，次三，金刚断。无明住地，见、修二道，如其次第顿、渐而断。若初四习，随同所知障，见、修道中顿、渐而断。

此明五住地之断位也。

或说六烦恼。

谓贪、瞋、痴、慢、疑、见也。

或说七随眠。

《对法》云：随眠有七种，谓欲爱随眠、瞋恚随眠、有爱随眠、慢随眠、无明随眠、见随眠、疑随眠，云云。随眠者，粗重也。

八缠。

《断障章》云：谓惛、眠、掉、悔、嫉、悭、无惭、无愧，数缠绕故。唯修所断，理亦通见。

九结。

《对法》云：结有九种，谓爱结、恚结、慢结、无明结、见结、取结、疑结、嫉结、悭结，云云。数数现起，损恼自他，招当苦增，偏立为结。见结、取结、疑结，唯见断；余六，通二断也。

十烦恼。

谓前六烦恼中，见分五，故成十。谓萨迦耶见、边执见、邪见、见取见、戒禁取见也。

十分别。

《摄论》云：复次，总摄一切分别，略有十种：一、根本分别，谓阿赖那识。二、缘相分别，谓色等识。三、显相分别，谓眼识等并所依识。四、缘相变异分别，谓老等变异、乐受等变异、贪等变异、逼害时节代谢等变异、捺落迦等诸趣变异及欲界等诸界变异。五、显相变异分别，谓即如前所说变异所有变异。六、他引分别，谓闻非正法类及闻正法类分别。七、不如理分别，谓诸外道闻非正法类分别。八、如理分别，谓正法中闻正法类分别。九、执著分别，谓不如理作意类萨迦耶见为本，六十二见趣相应分别。十、散动分别，谓诸菩萨十种分别。

十散动等。

《摄论》云：一、无相散动，二、有相散动，三、增益散动，四、损减散动，五、一性散动，六、异性散动，七、自性散动，八、着别散动，九、如名取义散动，十、如义取名散动。为对治此十种散动，一切般若波罗蜜多中说无分别智。如是所治、能治，应知具摄般若波罗蜜多义。等者，等取十一障、二十二愚等一切所断染法，不可计尽，故云等也。

如《断障章》广说，此说唯识观断，不说余所断。

此唯说以唯识观所断之，其余二乘所断等，广如《断障章》说，非此所明。

# 十、归摄二空

第十归摄二空者。诸论说二空：一、生空，二、法空。

此明唯识观能摄生、法二空观也。观我执无，证生空理之观，名生空观；观法执无，证法空理之观，名法空观也。

其唯识观，通二空观，寻思实智，通生、法空。

此明唯识观通二空观之所以也。寻思智，观所取空，伏除实我、实法；如实智，观能取空，唯伏除实法。是故寻思如实智通生、法二观，故知唯识观能通生、法二空观也。

为生所依，但说法观，意求种智。观法空故，为于二空生正解故。然且法观必带生、空，论诚说故。

此会违也。难云：若唯识观通二空观者，何故论云：为入我空，说六二法；为入法空，复说唯识？故今会通之也。通此难有四义，即一云，为生所依等者，法空观为生空观所依，故但说法空观也。二云，意求种智等者，本意为断法执得佛种智，故但唯说法空观也。三云，为于二空等者，《成唯识论》云：今造此论为于二空有迷谬者生正解故。既云造《唯识论》为悟二空，故知唯识观通二空观也。四云，然且法观等者，法空观必带生空观，故虽云为入法空，复说唯识，然其法空观亦必带生空观，故可云通二空观也。

何必翻悟说迷，生执必兼法执；返迷说悟，生空不带法空。若以解有浅深，悟生未必悟法，亦应迷有深浅，迷用不迷于体。

此难上所云法空必带生空也。难有二：初正难，后难转救。初难云：何故约执，则我执必依法执；约观，则生空不带法空？又，何故约执，则法执不必带生执；约观，则法空必带生空乎？次若以等者，难转救也。转救云：观有浅深，悟生空未必悟法空，故生空不带法空。今难云：若尔，则应执亦有浅深，迷用而不迷体，则我执不可带法执矣。

今释，未有解体而迷用，所以生执必带法执；然有悟浅不达深，所以生空未必带法。

此释通前难也。《枢要》云：迷浅必深，人执必法；解浅非深，人空非法；悟深必浅，法空有人；迷深亦浅，法人俱起。

问：何故人执必带法执，法执亦有不带人执耶？

答：《述记》云：能执自体，说名为法，即一切法皆持自体。有常一用，方名为我，故非一切法皆是我。如计外境为法非我，即显内法有非常一。太抄云：如计外境，唯起法执，不起我执。无一常用，故知计外境唯有法无我，即显内法上唯起法执，不起我执也。

《二十唯识》曰：所执法无我，复依余教入。此唯识教入于法空，此说法空必依唯识，非唯识观唯是法空，独作生空亦唯识故。

《二十唯识论颂》云：依此教能入，数取趣无我。所执法无我，复依余教人。上半颂明依十二处生空，教悟入人无我理；下半颂明依唯识教，悟入法无我理。今引下半颂也。

但是法空观必定是唯识，生空不定。二乘生空，非唯识观故。

设有问曰：若尔，是二空观必是唯识观欤？是唯识观必是二空观欤？今分别答之云：是法空观必是唯识观，生空观则不定。盖菩萨生空观是唯识观，二乘生空观非是唯识观故也。

唯识观宽，通生、法观。法观义局，唯是唯识。

设有问云：是唯识观必唯是法空观欤？是法空观必唯是唯识观欤？

今答之曰：是唯识观非必唯是法空观，以亦通生空故，是法空观则必唯是唯识观也。

生观义宽，通唯识、非唯识观。唯识观局，有生空非。

设有问云：是生空观必是唯识观欤？抑通非唯识观欤？

今答之云：是生空观非必皆是唯识观，以有非唯识观之生空观故，故知生空观宽也。是唯识观则必是生空观，故知唯识观局也。

由此唯识观望生空观，顺前句分别。无唯识观非生空，但法空观必带生故；有生空观非唯识，谓二乘生空观。

设有问云：是唯识观必是生空观欤？是生空观必是唯识观欤？

今答之云：是唯识观必是生空观，以法空观亦带生空故；是生空观非必皆是唯识观，以尚有二乘生空观故。

法空对唯识，亦复如此。有唯识非法空，谓唯生空唯识观，无法空非唯识。此二作句，其义可知。

设有问云：是法空观必是唯识观欤？是唯识观必是法空观欤？

今答之云：是法空观必是唯识观，是唯沢观非必皆是法空观，以尚有生空唯识观故。言此二作句等者，意云：此最后两句，准前第四句，可作顺前句答也。

问：云何名顺前句答耶？

答：以狭问宽，作顺前句答；以宽问狭，作顺后句答，其义甚易也。

总相而言，唯识通二空观，论但说法空观为唯识观者，据决定故。

总相言之，唯识观通二空观，然《成唯识论》但说法空观为唯识者，盖约决定说也，以生空观不定故也。

复说诸空互相摄者，如《空章》说。

此言以唯识观摄诸空观，其义将于让诸《空章》说也。

# 《相宗新旧两译不同论》及争论

# 相宗新旧两译不同论

梅光羲

传相宗之教义来中土者，凡有三人：一、后魏时之菩提流支；二、梁时之真谛；三、唐时之玄奘。菩提流支及真谛，世皆称为旧译，玄奘则即新译也。

菩提流支，生于北印度国，其时即佛灭后第十世纪（即佛灭后千年）之中叶。及来洛阳，则当佛灭后第十世纪之末叶矣。以时考之，菩提流支或是世亲同时之人。菩提流支所译之世亲著作，即《弥勒问经论》《胜思惟问经论》《文殊问经论》《宝积经论》《法华经论》《金刚经论》《十地经论》《净土论》是也。

真谛，于佛灭后第十世纪之末叶生于优禅尼国。梁陈之时，来于中土，从事翻译。然十大论师学说竞起之事，真谛译书中皆未尝言之，或者十大论师多在真谛之后乎？

若夫玄奘之渡天也，则在佛灭十二世纪之初，去护法菩萨其时不久。护法临终灭于菩提树下，以所释论传胜军居士而诫之曰：我灭之后，凡有阅者，取金一两；脱逢神颖，当可传通。玄奘于是学瑜伽于戒贤，学唯识于胜军。其十论师中之最胜子者，且得亲受其教焉。是唯识护法学，西域当时并无传人，传其学者实为玄奘。玄奘禀承之学，已经十大论师精研之后者也，可谓集此宗之大成矣。此其传来之大概也。

今更详言之，北魏宣武帝永平元年，北印度僧菩提流支来于洛阳，宣武帝敕之与佛陀扇多共译世亲菩萨之《十地经论》，于是地论宗兴焉。《十地经》者，即《华严经·十地品》之别译者也。光统、慧顺、道慎、灵佑、慧藏、慧远、智炬诸师，皆此宗之名匠也。此宗所唱之教义，有三空之说，所谓人法我空、因缘法体空、真如佛性空是也。此宗又以第八识为第一义谛，常住不变之自性清净心，亦名真如。此真如为无始虚伪恶习之所熏，缘起而变生一切法，能变之识，即此第八真识。以是之故，一切众生悉有佛性，无有永不成佛者。其所译之《十地经论》曰：云何余处求解脱？是凡夫愚痴颠倒，当应于阿梨耶识及阿陀那识中求解脱，乃于余处我、我所求解脱。此即是流支以第八识为真如之文也。

至于真谛之所传者，则即摄论宗是也。彼以无著菩萨之《摄大乘论》为主。（虽《摄大乘论》曾有佛陀扇多先真谛三十二年而译，然自真谛再译之后，世始盛讲此宗，故谓摄论宗是真谛为始，当亦无所不可。）真谛于陈文帝天嘉四年译无著《摄大乘论》，并译世亲之《摄大乘释论》。其后慧旷、法常、智俨、道岳、慧休诸师，师资相承，甚讲此宗。直至法相宗风靡于世，此摄论宗乃无闻焉。真谛所译之经论，有《解节经》（即《解深密经》。并作记名《真谛记》。凡诸异议皆详记中，今不存。见圆测疏中所引各条），《决定藏论》（此即《瑜伽论》摄决择分五识身相应地、意地之各译也。后百余年《瑜伽论》乃始译出），及《转识论》《显识论》《三无性论》（此三部题下皆注明从《无相论》出。《伦记》谓《无性论》即是《显扬圣教论·无性品》),及天亲菩萨之《佛性论》,及无著菩萨之《中边分别论》(此即《辨中边论》之别译),及世亲菩萨之《大乘唯识论》(此即《唯识二十论》之别译)。至彼所传之教义,则于空义立三空,于识义立九识。且谓第八识是无覆无记、是无明妄识,第三空之如来藏、自性清净心则是真如;真如受熏缘起而生一切法,能变之识唯第八识,真如则是佛性,即是九识。一切众生既皆有佛性,故一切众生应悉皆成佛,无有永不成佛者。此即真谛之教义也。

复次,若欲知真谛教义与玄奘教义两者之不同,则应对观两译之经论,今且略述之。

真谛所译之世亲《释论》曰:佛化作舍利弗等声闻为其授记,欲令已定根性声闻更练根为菩萨,未定根性声闻令直修佛道,由佛道般涅槃,乃至欲显小乘非究竟处,令其舍小求大,故现为此事。由如此义故说一乘。(论曰,究竟说一乘。释曰,若释乘义,惟一乘是乘,所余非乘,故名究竟。由如此义,故说一乘。)

而玄奘所译者则曰:佛化作声闻等,如世尊言,我忆往昔无量百返依声闻乘而般涅槃。由此意趣故说一乘,以声闻乘所化有情,由彼见之得般涅槃,故现此化。究竟故者,唯此一乘最为究竟,过此更无余胜乘故。声闻乘等有余胜乘,所谓佛乘。由此意趣,诸佛世尊宣说一乘。

按:此两译不同之处,在真谛则谓定姓二乘亦必由佛道而般涅槃,而玄奘译中则谓定姓二乘永不回人天乘,即非由于佛道而般涅槃,只由彼二乘道而般涅槃而已。此不同之处一也。

又,真谛所译之《三无性论》曰:一切诸法,不出三性:一、分别性;二、依他性;三、真实性。分别性者,谓名言所显自性,即是尘识分。依他性者，谓依因依缘显法自性，即乱识分，依因内根缘内尘起故。真实性者，法如如。法者，即是分别、依他两性。如如者，即是两性无所有。分别性以无体相，故无所有；依他性以无生，故无所有。此二无所有，皆无变异，故言如如。

而在玄奘所译之《显扬论》则曰：三自性者，谓遍计所执自性、依他起自性、圆成实自性。遍计所执者，所谓诸法依因言说所计自体。依他起者，所谓诸法依诸因缘所生自体。圆成实者，所谓诸法真如。

按：此不同之处，在真谛则谓分别性与依他性悉皆是空，唯真如实性是有；而玄奘则谓但遍计所执性空，而依、圆二性则皆是有。此不同之处二也。

又，三无性中第二生无性义，在真谛译者则曰：约依他性者由生无性说名无性。何以故？此生由缘力成，不由自成。缘力即是分别性，分别性体既无，以无缘力故，生不得立。是故依他性以无生为性。

而在玄奘译则曰：生无性谓依他起自性，由此自性缘力所生，非自然生故。

按：此不同之处，在真谛则谓依他不由自成，即是分别体无；而玄奘则但谓依他非自然生，不谓其无。此不同之处三也。

又，唯识真如义，在真谛译（七如如之第三）则曰：先以唯一乱识遣于外境，次以阿摩罗识遣于乱识，故究竟净识也。

而玄奘译（七真如之第三）则曰：由胜义谛离一异性故，当知即是清净所缘性。何以故？由缘此境得心清净故。

盖在真谛则名真如为阿摩罗识，而玄奘则不名真如为识，谓真如只是清净识所缘之境而已。此不同之处四也。

又，能变之识义，在真谛所译之《显识论》则谓显识有九种，色心诸法皆是本识之所变（本识者，盖指第八识也），而不说诸识皆是能变；而在玄奘所译之《成唯识论》则列三能变，且谓诸识皆是能变者。

例如，真谛所译之《中边分别论》则曰：由依唯识，故境无体义成。以尘无有故，本识即不生。

而玄奘所译者则曰：依识有所得，境无所得生。依境无所得，识无所得生。

按：此不同之处，在真谛则曰本识，在玄奘则但曰识，而不曰本识。此不同之处五也。

又，真谛译之《显识论》曰：一切三界，但唯有识。何者是耶？三界有二种识，一者显识，二者分别识。此盖以第八识为能变，前七识为能缘也。

而玄奘译之《成唯识论》则曰：诸心、心所，若细分别，皆有四分。此盖谓诸心、心所皆有所缘之相分，及能缘之见分等也。

此不同之处六也。

又，真谛译之《转识论》，以阿陀那为第七识。唐定宾《四分律疏饰宗记》已斥其谬，谓是真谛诵出之意，以无梵本故。至于新译之说，则以阿陀那为第八识之异名，而第七识则名为末那。此不同之处七也。

又，地论宗以第八识为净识，摄论宗则更于八识之外立第九识。而新译所谈者，既不立九识，亦不谓第八识是净识。此不同之处八也。

总观以上之八义，则两译之不同略可知矣。复次，唐灵润于新、旧两译举有十四不同义。其十四者：

一者，新译谓众生界中有一分无性有情，而旧译则谓一切众生悉有佛性。

二者，新译谓二乘之人入无余涅槃，则永不归入于大乘；旧译则说无余还生，终必回入于大乘。（即前第一不同处。）

三者，不定性众生回向大乘，在新译则谓于分段身增寿变易以行菩萨道，旧译则谓分段身尽而别生变易身。

四者，三乘种姓，在新译则谓是法尔本有，在旧译则谓因缘所生。

五者，佛果之事，新译则谓理智各别（四智心品，是有为生灭法。理则是真如、是体，乃无为法），旧译则谓理智不二。

六者，须陀洹之所断，新译谓唯断分别起之身见，旧译则谓亦断俱生之身见。

七者，五法之事，新译谓五法不摄遍计所执，又谓正智摄于依他起性；旧译则谓五法应摄遍计所执，正智应通于依他及圆成。

八者，新译谓十二处、十八界摄法已尽（盖谓真如亦摄在处界之中也），旧译则谓真如不摄于处界之中。

九者，新译于十二因缘说为二世一重，而旧译则说三世两重。

十者，新译但谈有作四谛而不谈无作四谛，旧译则谈无作四谛。

十一者，新译谓心所法在大乘则于心王外别立心所法，小乘则无之；旧译则谓大小乘皆同，无有区别。

十二者，新译谓心王、心所同一所缘不同一行相，旧译谓心王、心所同一所缘同一行相。

十三者，三无性观之事，新译唯遮遍计所执，旧译则遍计所执及依他起悉皆遮之。

十四者，新译谓八个识及其相应之心所皆有四分，皆能现相分，皆是缘起之本；旧译则以缘起之本限于第八识。

以上名为十四不同义。若夫真如受熏之说，则尚不在此十四义中也。统上八义及灵润十四义，但言新旧不同，而未言新旧不同之源。今盖可得而言欤。

世尊于般若会上言三无性，于深密会上言三自性。龙树本三无性以破有，无著本三自性以破空。承龙树学而推之以至其极，厥有清辨，说缘生依他无，说圆成实亦空。承无著学而推之以至其极，厥有护法，说缘生依他与圆成皆有，惟遍计无。盖二谛立教，胜义一切空，空不至依、圆皆空，空之门不净尽；三性立教，缘生一切有，有不至依、圆皆有，有之门不善巧。依他是空，则不许杂乱识，而五种姓不立，惟独一乘；依他是有，则许有杂乱识，而五种姓独立，非独一乘。一切皆空，真如且不立，安有能所说正智为能缘、真如是所缘？一切皆有，体自是体之有，用自是用之有，故必有用之能缘正智，缘其体之所缘真如。凡此，皆清辨、护法必争之义。不争，则不能独存；不异，则不能同立；而实水火相显、一多相现、万物并育而不相害、道并行而不悖也。由破有而空，中间既经多级，始成其空；则由破空而有，中间亦必经其多级，始成其有。

十大论师从空而之有，实始于安慧。其说不似空宗，并破赖耶而有唯识。然四分未明，多义未备，犹用空宗之义，且并作《中观释论》，是为空有过渡之学。真谛等，皆是学也。既异清辨一切皆空而许识有，又异护法一切皆有而不许依他为有，故五姓、三性、真如是识，一切皆用旧说，惟独标识而别之而已。此所谓过渡唯识学也。由安慧而难陀等以至于护法，则一一破立，最后加密，中经多级坚立不移，故唯识学至护法而确然可立矣，亦唯识学至护法而纯粹以精矣。非真谛之故异护法，亦非其别有一途，实以是学不至护法，学级未穷，创始自粗，历终自精，理有固然，无足怪也。十家之学展转立破，以极于护法，谓予不信，请阅《唯识述记》。

（1931年《海潮音》第12卷第4期）

# 《相宗新旧两译不同论》书后

太虚

此论为梅撷云居士著。居士相宗著述颇多，覃研法相，几三十年，视欧阳竟无犹早。（按：竟无初习贤首，民三以刻《唯识枢要》等，乃研法相。）况韩清净等乎？宣统二年，居士服官广州，余亦应粤人请，在广州设佛学精舍。旋住持白云山双溪寺，与居士时相过从，蒙赠余《成唯识论述记》，为余对于识论研究之一助。余初从八指头陀参禅及依水月禅师（七塔寺方丈）诵持《楞严》《法华》等，亦从道阶法师、杨仁老、谛闲法师等，究天台、贤首教义及《相宗八要》《唯识心要》诸书，与圆瑛（现天童寺方丈）、云泉（已故）、静观（现金山方丈）、昱山等为友。然于佛法之悟入，乃在慈溪西方寺之阅《大般若经》。由此以融照禅、净、台、贤，及《华严》《法华》《楞严》《涅槃》与《起信》《中观》《大智度》《十住毗婆娑》等论，皆灿若心影了无疑滞。然未涉律藏、陀罗尼藏，而于法相经论则犹往往惮其艰涩。其持佛法以入世救人之心，则激发于清季兴学校毁佛寺之事，及谭嗣同、章太炎、严又陵、梁启超等关于佛学之议，乃起而为护法宣教、振僧兴学之运动。此为余光绪三十四年至民国三年间之心境。民三闭关普陀，禅隙乃专观法相经论以及律藏，间及密部。遂知整僧在律，而摄化学者世间需于法相，奉以为能令久住正法饶益有情之圭臬，逮今又十四五年矣。然自居士以《述记》赠余，携身畔者数年，暇即一览，当时亦未尝非诱余闭关普陀之一缘欤！

顾自宣统二年冬，居士移官湖北提法司之后，二十年来迄未晤面。民二十年元月，余自峨嵋返厦，由鄂过京，乃与居士相值，当荷赠以近著三四，而此论即其一也。途次阅之，触想不少。复以此论虽已刻行而见者犹寡，拟付《海潮音》转载之，因乘暇隙，一叙居士与余之夙缘，并附商榷之意焉。

此论先辨传世亲学三大译师关于世亲时代之先后，遂以流支、真谛为旧，玄奘为新。论八义不同，并附唐灵润所举十四不同义。终推两译所由以不同之源，归于从空至有之学级历程，始粗终精所致，理明辞晰。既为时彦谈唯识古学新学所依准矣，但余有商榷之二事。

一、世亲之时代。释尊示世年代，近人因锡兰所传与众圣点记相近，遂一依众圣点记计之。此论以流支为世亲同时之人，亦依此以言。但观较先流支在华译传世亲学之勒那摩提、佛陀扇多，梵本不同，译文互异，似皆非亲承正传世亲之学者。由此可知其时世亲之论著已广流布。以古代交通抄写传习种种之不便，一学说新兴至广流布，终须阅五十年百年方可。故余意众圣点记年代，必须推早百余年，始与中国古来许多译经之史实，才得无阂。如此，则流支应后世亲百余年。故世亲较早罗什，陈那较早真谛，罗什得译世亲之《百论释》，真谛得译陈那诸论也。否则罗什译《百论》之释者，纵可说为另一婆薮；而较早陈那之真谛，壮年即来中国，中间又未回印土，乃已携陈那所著而为翻译，终为不可解之史实。即此流支、勒那、佛陀等亦来华颇早，于同厥年代世亲其人之学，已各从不同之处而来国外译传，亦同为不可解之事。故时代上，余以为世亲应早流支百年，真谛百余年，玄奘三百年也。

二、传学之泛正。世亲造论既广，殆从小乘而旁及大乘全部。虽自所宗成熟在唯识，而不必对于释任何经论皆一本其严格之自宗以说，而无随大乘通义，或随他人意之说也。故亲承世亲之学者，亦不妨所传有异，如奘门或传俱舍或传唯识，亦不一致。按初期译世亲论著，固以流支为夥。然除《十地论》之翻译涉及摩提、扇多三人外，摩提又译有世亲之《法华论》，扇多又译有世亲之《摄大乘论释》（此译内容尚未研考），而当时所传为地论宗之说者，则出扇多弟子慧光，传系慧光糅合扇多、摩提、流支三人异译所成。而此三人态度相异，扇多以传禅著称，不重传译经论；摩提泛传大乘经论，似不专重世亲者；流支似专传世亲学，但其译传者，乃在世亲泛释诸大乘经之释论，而不在其特明所宗之唯识学。故可云初期流支等所传译者为泛世亲学。而慧光所据以折衷者，且在扇多之说。吾意扇多即禅宗初祖菩提达磨，而慧光即二祖慧可神光。其以第八识为真心即真如，乃是禅宗宗本之真心，所谓元是菩提、本无烦恼者。如此则初译之地论宗所传，一因系泛世亲学，二因又牵强被夺于禅宗师之意旨（相传流支与达磨交恶，当亦因此），故而如此。如后代永明及憨山、紫柏等禅师之说法相唯识，多以摄唯识归禅宗为旨，而非悉由其时学级未穷之所致也。至于真谛，则传译《摄大乘世亲释》及《转识》《显识》《大乘唯识》诸论，似传译专宗唯识之正世亲学者。然细观其误阿陀那为第七末那一事，可见其学无根柢，每多随意揣测为说。则其以阿摩罗为第九识即真如，及第八阿黎耶为真妄和合识等，可知其亦由对于世亲误解意揣而致此。似元明清台贤宗人等说法相唯识学，每多误解意揣之词气者然，而非悉由学级未穷之所致也。故吾意学级历程亦诚有关，如唯识学至护法乃确然可立、纯粹以精是也，然其中若以第八识为真如，及以阿陀那为第七识等，则不能诿以学级始粗末精之关系。以世亲之《百法论》已显然将第八识列于有为心法，而真如则列于无为法。又《三十论》亦显然已将阿赖耶列为初能变。凡此皆为世亲已显指定之法相，流支及真谛等之所传，乃误谬于世亲之自说，非仅不合于传世亲学之护法等所说。故不应以旧译之异于新译者为亦系正传世亲唯识学者，但当视为传泛世亲学且误传者。而正世亲学，乃唯应以新译为准也。民国二十年二月十五日，在南普陀写出。

（1931年《海潮音》第12卷第4期）

# 读《唯识新旧两译不同论》后的一点意见

守培

佛法是圆融绝待不二法门，本无不同之义，今有唯识新旧二译不同，而不仅不同，且多反对，关心佛法者，莫不怀疑。兹有梅撷云居士，论其不同之原义，以破学者之怀疑曰：西方空有二宗，起于龙树、无著，真谛旧译，是为空有过度之学。玄奘新译，是为唯识极成之学，创始自粗，历终自精，十家之学，展转立破，理有固然，无足怪也。若谓护法精于唯识，穷其学级，真谛学在过度，不及护法者，然则无著、世亲，初创唯识，则又不如真谛耶？又太虚法师书后云：流支及真谛等之所传，乃误谬于世亲之自说，非仅不合于传世亲学之护法等所说。余谓乾竺佛法历程，及其真伪，异上二说，马鸣始作大乘论，惟依佛法，不参己见，是为纯清洁白之大乘法。至无著、天亲等，则稍带彩色矣。由护法后，则玄色满面，大乘真相完全不见矣。谓予不信，请俟剖诀二译不同。

论曰：按此二译不同之处，在真谛则谓定性二乘，亦必由佛道而般涅槃。在玄奘则谓定性二乘永不回入大乘，即非佛道而般涅槃，只由二乘道而般涅槃而已，此不同之处一也。

《法华经》云：是诸比丘、比丘尼，自谓已得阿罗汉，是最后身，究竟涅槃，不复志求阿耨多罗三藐三菩提，当知此辈，皆是增上慢人。又云：舍利弗，若我弟子，自谓阿罗汉、辟支佛，不闻不知诸佛如来，但教化菩萨事，此非佛弟子、非阿罗汉、非辟支佛。又云：若有比丘，实得阿罗汉，若不信此法，无有是处。吾佛如此一再言之。而护法乃曰：定性二乘永不回入大乘，能免违背佛说也哉？若二乘不向佛道入涅槃，则小乘与大乘隙别不能融通，小不入大，大不摄小；乃有不平等之相，大小并立故；又大乘不得圆满之相，大外有小故。又众生有二，佛法有二，唯识义不成，至理如此，而护法乃曰：定性二乘，只由二乘道而般涅槃。能免违背至理也哉？

难曰：《地持经》说诸有情无始时来，法尔成就五种性别，一者菩萨种姓，二者独觉种姓，三者声闻种姓，四者不定种姓，五者无姓。《法华》回小向大，是由不定姓练根成菩萨，此云不回，乃法尔声闻姓，如此则两说皆到。若无定姓二乘，虽令《法华》向大，云何会通《地持》法尔成就五种姓别耶？

答：切莫误解佛经，所谓五种姓者，是诸有情各各具足五种姓，非有情有五种各别不同也。夫姓者生也，谓诸众生自然而有五种生姓不同。如人初则谤佛，是为无姓；忽然变为信佛，但不据大小，是为不定姓；再变而信小乘，是为二乘姓；更进而信大乘，是为菩萨姓。如此之人，在在有之，可证诸有情各具五种姓非虚语也。若其果有定姓二乘，无姓阐提，不移不易，谓之法尔如然者。菩萨姓亦应不变成佛姓，同二乘姓法尔如然故。若菩萨可变成佛姓，何二乘姓不可变成菩萨姓耶？又无姓永远不得出生死者，不定姓亦应永远不得成佛，或成佛而有退转，是法尔不定姓故。若不定姓可成佛，而变为定姓，无姓焉能不出生死而变为有姓耶？是以依旧译，解有情各具五种姓，不增不减，平等不二，人人皆当作佛，合圣言，亦合至理。若依新译，有情有五种不同，有高有下，不平不等，有成佛有不成佛，违佛言，亦违至理。此新旧二译之境界如此，其学级之远近，理解之是否，可了然矣。然如此，何以吾佛说阐提无佛姓耶？当知吾佛说法有二种语：一、方便语，二、究竟语。言阐提无佛姓者，乃一时方便之言也。涅槃会上而说阐提有佛姓者，乃究竟之言也。

难曰：阐提成佛与不成佛，皆系佛说，此云成佛是究竟言，不成佛是方便言，彼若言成佛是方便言，不成佛是究竟言，各有所是。云何是此而非彼耶？

答：吾佛方便语及究竟语，各有作用，有一定的归属，非同世人滑稽之语，可以向彼可以向此也。所谓究竟语者，澈底而言也。方便语者，表面之言也。不可以表面之言作究竟语，亦不可以澈底之言作方便语，然虽是方便，亦真语实语，不诳不妄，绝不如世人以有言无，以无言有，虚妄不实之言也，如人于佛不生信故。佛谓之阐提，此阐提之语，将来有变更，故名方便语，虽曰方便，当时是实有其事，以阐提将来必定有信心可发故。

佛说阐提有佛姓，此有佛姓之语，决定不可移，故名究竟语。惟因阐提有成佛不成佛之两事故，成吾佛方便究竟之二语。设若阐提只有不成佛之事，而无成佛之事者，则吾佛只可说阐提无佛姓，不应再说阐提有佛姓，本无此事故，若无此事而说此言，岂免妄语诳众生乎？若信吾佛不妄语，即信阐提定有成佛之事，亦即信阐提无佛姓是方便语，非究竟语矣。吾佛既有佛姓无佛姓之两种言，阐提应有成佛不成佛两件事，旧译言阐提始不信佛，终必信佛，是二语兼到矣。新译只许无姓，不许有姓，是执在一边，缺旧译一筹明矣！违背佛语亦明矣！

论曰：按此不同之处，在真谛则谓分别性与依他性悉皆是空，唯真如实性是有。而玄奘则谓但遍计所执性空，而依圆二性则皆是有，此不同之处二也。

依他起性，一则说有，一则说空，究竟有耶？空耶？不得平空妄判，亦当究正是非，以依他起三字衡之，可断言是空非有矣。既依他起，自体必空故。若有自体，应常住不灭，不应有起故。如世间万物皆依四大而起，若离四大，则空无所有故。又新译自言，依应起者，所谓因缘所生自体，即从缘生，不应言有。如《楞严经》云：因缘和合，虚妄有生；因缘别离，虚妄名灭。又《中论》云：因缘所生法，我说即是空。经论既皆云缘生性空，而新译独谓缘生是有，根据何在哉？

若以现前诸法是有，而即以为有者。咄！此是众生妄见，非佛法也，众生执以为有故，而生死万端。佛法明见诸法皆依他起，全体是空故，而超脱生死，执依他起是有者，其为同一妄见也。又依他是有，圆成亦有。云何而名唯识哉？论者评曰：世尊于般若会上言三无性，于深密会上言三自性，龙树本三无性以破有，无著本三自性以破空。承龙树学而推之以至其极，厥有清辨，说缘生依他无，说圆成实亦空；承无著学而推之以至其极，厥有护法，说缘生依他与圆成皆有，惟遍计无。

观夫三自性、三无性，皆佛说也。本三自性，本三无性，皆不违背佛法。惟护法既不本三有，亦不本三无。二边俱违，以说依圆是有，则违佛说三无性故；说遍计是无，则违佛说三自性故。原夫佛说三自性者，是随顺世间法说也；说三无性者，是依诸法本性而说也。言龙树本三无以破有则可，言无著本三有以破空则不可，何以故？无性是真，有性是妄，本无破有，即以真破妄，故可也。本有破空，即以妄破真，故不可也。然则无著亦否乎？非也。无著不本三自性以破空，何以知之？《唯识三十颂》曰：即依此三性，立彼三无性，故佛密意说，一切法无性。可知唯识是依三自性立三无性，不本三自性以破空也。又颂三无性云：初即相无性，次无自然性，复由远离前，所执我法性。复曰：此（三无性是）诸法胜义，亦即是真如，当如其性故，即唯识实性。世亲说三无性，即真如，即唯识性，亦可证无著亦本三无性矣。不知无著本三自性以破空之言根据何来耶？若无著本三自性之言无根，则护法有宗之根本皆虚矣。余知印度大乘佛法，本无空有之分，由护法误谬唯识真空而谓之有，自立有宗，反对清辨，推尊世亲，欺诳后人，妄有之宗岂真从世亲来哉？

《三十颂》曰：现前立少物，谓是唯识性，以有所得故，非实住唯识。世亲自说如此，少物尚不许有，矧可以有为宗乎？又曰：若时于所缘，智都无所得，尔时住唯识，离二取障故。世亲于唯识性上刷洗得干干净净，不但所缘之境不容有，即能缘之智亦不容有，直得能所俱尽，二边全空，始许唯识义成，世亲本空之明文如此，而护法反谓世亲本有。呜呼悲哉！假世亲之名，破世亲之法，阳奉阴违，谁知之乎？

第三不同，亦在依他起性，已如上说，故不重出。

论曰：在真谛则名真如为阿摩罗识，而玄奘则不名真如为识，谓真如只是清净识所缘之境而已，此不同之处四也。

太虚法师书后曰：然其中若以八识为真如，及以阿陀罗识为七识等，则不能诿以学级始粗末精之关系，以世亲之《百法论》

已显然将八识列于有为心法，而真如则列于无为法等。欲辨真如，实不易得，已承提起《百法论》，且以《百法论》辨真如。

余于世亲《百法论》，再四寻竟，不见真如法。或者曰：岂不知六无为法中有真如无为乎？余曰：怪哉君即以此为真如乎？误矣。当知世亲假真如之名，立无为之法，不可以真如作无为，亦不可以无为作真如也。如云金刚般若，是以金刚名般若，不可谓般若即金刚，或金刚即般若也。又如虚空无为，虚空本色法中一法，若以虚空为法，岂不有二空法乎？想受灭无为，亦不相应法中一法，若以不相应为法，岂不有二灭尽法乎？择灭无为，是于有法中随择一法；非择灭无为，是普遍有法；不动无为，即定法。以上五种无为，皆假有为法立无为名，不复立借名之法，岂有真如无为，不名无为法，而独立真如法耶？以上已明真如无为不是真如法，次明真如之在处。前五种无为之名，皆由有为而成，所谓非有为不成无为也，实不知真如无为之名成于何处也，不应真如但有名而无法耶？又不应于百法外另有真如耶？欲知真如落处，当于百法中求之，有为色法已成前五，更无再成之余地，有为心法当更详之。前六识转，诸有为法空，七识转，诸无为法空，色心俱空，八识出尘，离诸垢染，且道此时是甚么境界也，八识之体，真而不妄，如而不异，非真如而何耶？是故真谛谓真如为阿摩罗识，真谛此说本于世亲。《三十颂》云，初即相无性，即真谛以唯一乱识遣于外境也；次无自然性，即真谛次以阿摩罗识遣于乱识也；复由远离前，所执我法性，即真谛远离境识故成究竟净识也。《三十颂》又云：此诸法胜义，亦即是真如，常如其性故，即唯识实性。真谛本此，故云真如是识，非所缘之法也。太虚谓真谛学无根柢，每多随意揣测为说，岂真如此乎？玄奘谓真如只是清净识所缘之境而已。且问：真如有灭耶？无灭耶？若有灭也，不名真如，真如不变异故。若无灭也，则唯识义不成，有所缘法在故。有所缘法何以不成唯识耶？岂不见世亲《三十颂》云"以有所得故，非实住唯识"乎？新译确是学无根柢，随意揣测为说，误谬于世亲之自说，而太虚反谓之正传世亲学，我实不知根据何典而发此论议耶？读者当知，非太虚批评不是，亦非玄奘翻译不是，实在护法妄立有宗之不是，而引起无量无边之不是也。

论曰：按此不同之处，在真谛则曰本识，色心诸法皆本识之所变。有玄奘则但曰识，而不曰本识，且谓诸识皆是能变者，此不同之处五也。

真谛说之本识，即指识性而言，非谓八识也，以八识是所变，非能变故。《三十颂》颂八识云"阿罗汉位舍"，若系本识，不应舍故，以一切心法、一切色法，皆从本识之所变起，故曰一切唯识。灭一切色心诸法，还归本识，名曰证本识，故彼谓旧译有九识也。但此本识，不与八识并立，故曰本识也。新译但曰识，乃指八识而言也。八识外更不说唯识性，识色并立，夫识色并立，唯识之义何成哉？《三十颂》云八识"阿罗汉位舍"，新译谓八识即识性，永不舍，能无违背世亲唯识本义乎？

已明本识与识之得失，次明一能变与三能变之是非。《三十颂》云：由假说我法，有种种相转，依彼识所转，此能变为三，谓异熟思量，及了别境识。颂中依彼识所转之识字，即指本识而言，谓此本识，能转变以下三种心色诸法，故曰此能变为三。三者何？曰一异熟，即八识；二思量，即七识；三了别境，即六识。此故真谛谓能变唯有本识也。新译误解此能变为三之此字，是指下三变，乃以所变为能变，而曰诸识皆是能变者，若诸识皆是能变者，不知谁为所变耶？若以三界万法为所变者，云何合乎颂文“由假说我法”耶？法字姑止，我字如何安置耶？不信更有复颂证明。《三十颂》云：是诸识转变，分别（由诸识）所分别（指诸境），由此彼皆无，故一切唯识。此颂心境诸法皆从本识变起，故曰彼此皆无。又云：由一切种识，如是如是变，以展转力故，彼彼分别生。彼彼犹种种也，分别指诸心而言也。此颂能变诸心法者，是一切种识，如此明文，何得误会耶？旧译色心诸法，皆从本识之所变起，正合世亲本论，新译诸识皆是能变者，能不违背世亲本论乎？再以现前事实证之，七八二识，非凡夫境界，我等固不得而知，六识是凡夫日用之心，且试能变之处，现前森罗万象，何象是我心所变耶？不得名之曰能变，而无所变之法耶。我闻佛说凡夫心为物所转，未闻凡夫心能转物也。又闻六根对六尘生六识，未闻六识能变起根尘耶。难曰：六识虽不变起实在的境界，然而从实境上，计度幻起长短方圆、大小高低等法，非从意识变起而何耶？答曰：凡从他生者绝无能生性，凡有能生性者绝不从他生，如世间之草木，由根生干，由干生枝，由枝生叶，枝干似有能生之义，实则干枝叶皆由根生也。凡夫心似有能生之义，实则心若无法，绝不能生也。新译谓诸识能生，与现前事实亦不相符矣。又《成唯识论》云：然种子义略有六种。乃至末云：唯本识中功能差别具斯六义，成种非余，种即能变义。此系新译自家拣别能变，唯有本识。又云诸识皆是能变，能无自相矛盾乎？新译之诸识皆是能变，一、违世亲，二、自相违，三、违事实，其是非可自知矣。

论曰：又真谛译之《显识论》曰，一切三界但惟有识。何者是耶？三界有二种识，一者显识，二者分别识，此盖以第八识为能变，前七识为能缘也。而玄奘译之《成唯识论》曰诸心心所，若细分别皆有四分。此盖谓诸心心所皆有所缘之相分，及能缘之见分等也，此不同之处六也。

真谛曰，三界有二种识，一者显识，论者谓此是第八识，为能变，非也。所谓显识者，显现其境相，乃第七识也。二者分别识，论者谓此是前七识，为能缘，亦非也。所谓分别识者，分别境相，乃第六识也。何知如此？《起信论》云：妄心熏习义有二种。云何为二？一者分别事识熏习，二者意（即显识）熏习。三界中所有诸法，惟此二识熏习所成，若转此二识，则三界自空矣。故真谛曰：一切三界有二种识也。

问曰：云何不言八识耶？答：八识是和合性，有名无实，无所作为故不言也。如《起信论》云：不生灭与生灭和合，非一非异，名阿赖耶识，不生灭即本识，生灭即前七识。七识生，真妄和合，名阿赖耶生，实则生无所生。七识转，圆成本转，名阿赖耶灭，实则灭无所灭，以三界有二种识熏习不断故。吾佛说二种乘法以转熏之，以大乘法熏转七识（即显识），以小乘法熏转六识（即分别识），八识无所转，故吾佛但有大小二乘法而已。

已明旧译二识义，次明新译四分义，唯识四分，是护法独出新裁。人皆信以为然，而又谓能深入唯识，若问其四分之所以然，则不得而知。呜呼！不知而信者，能免盲从之讥乎？今欲明四分之内容，当先出彼立四分之主意。《成唯识论》云，又心心所，若细分之应有四分，相分、见分、自证分，复有第四证自证分。此若无者，谁证第三，心分既同，应皆证故。又自证分不应无果，诸能量者，必有果故，不应见分为第三果，见分或时非量摄故，由此见分不证第三，证自体者，必现量故。又此四分中，前二是外，后二是内，初唯所缘，后三通二，谓第二见分缘第一相分，或量非量，或现或比，第三自证缘见分，及第四证自证分；第四证自证分，唯缘第三自证分，非第二者，以无用故，第三第四皆现量摄，故心心所四分合成。

观彼立四分之主意，在证第三，谓第二能缘，第三证之，第三亦能缘，不应无证，故立第四以证第三也。且问：第四分为是本有之法，前人未见耶？为是本无此法，护法立此空名耶？若是本有之法，当有示处。若法非可示，当有圣言作证，或圣未言，当有此类显之，若此三处皆不能表示，则法无来处，必成子虚乌有。且试考之，证自证分，是护法新出，固无圣言可证矣。以现量考之，如眼见一物，物为相分，眼为见分，发见之心，即能知见者，为自证分，我实不知更有何物能知我心矣。若心外有心，即同魔说。若谓妄心外有真心者，然则真心外又有真真心，如此则又不止四分矣，而且心法虽多，不关其事者，不应当其数。彼亦曰：各具四分，非共四分也。护法虽曰证自证是现量境，千百年来却未有人见过，可知现量非真现量矣。更以比量推之，如我虽不见，不得谓无，有他人能见故，以他人之有，证我亦有。今举世无一知者见者，比量亦虚矣。

难曰：我见有以铜镜比四分者，又有以蜗牛比四分者，及其他比喻不知其数。何言比量亦虚耶？答：如此譬喻，只能令人知其法之形色而已，不能证明法之有无也，如我说心王心所当有五分，亦将一物分成五分比之，汝还信否？或再有说六分七分者，亦以一物分成六分七分比之，乃至百分千分有何不可，智者岂能于此生信乎？若证明法之有无者，必以同类证之，方能取信，如人只能证人，不能证物，物只能证物，不能证人，何以故？若一人有耳目，比一切人皆有耳目，不能比一切物皆有耳目；若一物无耳目，可证一切物皆无耳目，不能证一切人皆无耳目，是故外物不足以证心法之有无也。

考此证自证分，既不能现前指出，又不能假类发明，又无圣言考据，我不知此证自证，护法于何处得来耶？我知彼是从揣测中得来也。何以故？彼曰见分能缘，自证亦能缘，见分有自证为果，自证亦应有证自证为果，此非揣测而来乎？事非不可揣测也，揣测得当，亦无不可，不知护法揣测之义，是否得当，尚待考之。

护法云：见分、自证分、证自证分，皆是能缘之心。且问此三心，是三耶？是一耶？若是三，则唯识义不成；若是一，云何而有三名？彼必答曰：非三非一。体一故非三，用三故非一也。夫缘虑者，必须两法对立，非两法对立不能成缘，此不可移易之事。如自证与见分，既是一体，如水兴波，波水不二，如何而成缘哉？言自证缘证自证，及自证缘见分等，有似以水洗波，以尘染土，可为世间之大笑话，自证既无所缘，亦无须用证，可决定无疑矣。

又自证缘见分，自证缘证自证及证自证缘自证，皆以心缘心也。试问：心可缘否？若可缘者，请试缘之，心是何状耶？心是何色耶？若无所示，而曰缘心，能无自欺乎？《楞严经》中七处征心。心不可得，十番辨见，见不能及，新译唯识，以心缘心，视若泛常，是神通超佛耶？是妄言诳众耶？吾不得而知也。有人闻得心的名字，即作心想，谓之缘心，其实缘心名也，非缘心也。如我闻释迦名字，我即谓人曰：我亲见释迦，人必斥为妄说矣。当知心实是能缘，非所缘也，不但凡夫不能缘，即诸佛亦不能缘，非所缘故。如吾佛四十九年未曾说著一字，即指心而言也，又此法思量分别之所能到，亦指心而言也，护法谓二心现量相缘，能不诳煞世间人耶？

护法不惟不了心之实义，亦复不了心之名义，如自证分之证字，彼作证明之证，谓证明见分也。果是证明见分，当名证他，何名自证耶？若云见自同体，证他即是证自者，又何须更立证自证耶？当知自证之证字，乃证果之证，非证明之证也。自心起见缘相，有似差使取物，非是自取，故曰见分。若物已近己，亲得受用，故名自证耳。又如彼言，见分缘相分，自证证之，即此三分已成就心所矣。如自证缘见分，证自证分证之，即此三分已成就心王矣。如证自证分缘自证分，复以自证分证之，只须二分已成心王矣。论曰心王心所各具四分，不知此话恁讲，观新译之言，有似儿戏，颠倒错乱，无不有之，即此四分已不能尽出其过。若总论之，真有海墨书不尽之势矣。

问：彼义既非，正义若何？答：前三分是正，第四分是邪。当知见分能缘不能证，无体故；自证能证不能缘，无用故。此心王心所之区别也。相分是心体变起之影，与心相远，故假见分缘取，而复证之也。若不假见取，心虽有知，终不能证境，如修行者，必先假权修，而后方能证果也。所以《集量论》云：似境相所量，能取相自证，即能量及果。此以相分为所量，以见分为能量，以自证分为量果，即非相不能起见，非见不成自证，是故三分合成量果，事云结果，必无再言之理。而护法误将已成之自证分，复生蛇足，如人已成佛果，有妄作知识者，谓佛果后犹有果佛果，呜呼！冤哉冤哉！彼只知众生心本有能缘之作用，而不知心王心所分而言之，则可言心所有所缘，不可再言心王亦有所缘也。如人之身，本有行动和作为之能力，若手足与身分而言之，则可言手能作为，足能行动，而不能再言身能行动和作为也，以一人不能有二种动作，故须知足只能行动，手只能作为，不能发生行动和作为。身只能发生行动和作为，而不能行动和作为也。知其义者，当然如是，不知者，闻说人身，不能行动和作为，必责人言之非矣。其不知人身之动作，全假于手足，若离手足，则等木石矣，焉能行动和作为哉？例如自证分若离见分，妄识全无，焉有所缘之理哉？诸佛已断妄见故，不作善，不作恶，常处寂光，若自证同见分能缘外境，则诸佛与众生无异矣。护法不明此义，谓自证有所缘，不能无量果，反斥他人立法之不周，故有第四分加之。呜呼！自不知邪，而复谤正，以致违圣言，逆世理，自误误人，可悲可叹！问：自证不缘，何名为心？答：证即真缘，所谓无缘者，无所不缘也，但无所缘非无能缘也。

论曰：又真谛译之《转识论》，以阿陀那识为第七识，唐定宾《四分律疏饰宗记》已斥其谬，谓是真谛诵出之意，以无梵本故。至于新译之说，则以阿陀那为第八识之异名，而七识则名为末那，此不同之处七也。

《楞伽经》云：藏识海常住，境界风所动，种种诸识浪，腾跃而转生。此以八识比大海，以七识比波浪。《楞严经》云：陀那微细识，习气成暴流。阿陀那识既是习气，非含藏识明矣。又比以暴流，而非大海亦明矣。如此阿陀那识，岂不真正是七识乎？若以暴流比八识，更以何识比大海耶？唐定宾斥真谛之谬无梵本，我不知斥谬者本何梵本而斥之耶？新译谓阿陀那是八识之异名，我又不知本何梵本而言耶？

难曰：《三十颂》颂八识云恒转如暴流，阿陀那识亦如暴流，岂不正是八识乎？答：《三十颂》云恒转如暴流，非颂八识心王，乃颂八识心所也。颂曰：触等亦如是，恒转如暴流。谓触意受想思，恒常流转，无有停息也。若此停息，则众生成佛矣。八识含藏一切，其体不动，故曰藏识海常住，可知非以八识比暴流也。八识心所，正是七识心王，七识流注生灭，正合暴流义，七识一期生灭，正合恒转义。

论曰：地论宗以八识为净识，摄论宗则更于八识外立第九识，而新译所谈者，既不立九识，亦不谓第八是净识，此不同之处八也。

八识九识之不同，已如前说。所谓净识者，七识有覆性，名曰染污识，八识无覆性，故名净识，此对七识而名净。若八识自身，实无所谓染，亦无所谓净也。

已明八种不同义，复有唐灵润所举十四种不同义，次当明之，初二不同，如上第一。三者，不定性众生回向大乘。在新译则谓于分段身增寿变易，以行菩萨道；旧译则谓分段身尽，而别生变易身。

众生虽各具二种生死，然非了分段生死，不见变易生死，以二死不同在一身故。若谓分段身由小而壮，由壮而老，念念迁变，即为变易生死者，然则凡夫常了变易生死耶？分段身死即变易身死，无二身故，若知一身不受二死，则知新译谓于分段身增寿变易，是违法矣。若知色身受分段生死，意生身受变易生死，分段身尽，意生身生，二死有二身，则知旧译谓分段身尽，别生变易身，是合法矣。

四者，三乘种性。新译谓是法尔本有，旧译则谓因缘所生。

非法尔本有不成缘生，非缘生不显法尔本有，二说无别，但执法尔非缘生者则错矣。

五者，佛果之事。新译则谓理智各别（四智心品是有为生灭法，理则是真如，是体，无为法），旧译则谓理智不二。

凡二法对待者，总是众生法，绝非佛法。佛法不二故，绝对故。当知众生本非众生，以有心境相对故，则起我与我所，是非好丑，无量差别，皆由斯生，故名众生也。诸佛亦非诸佛，以无心境相对，理智不二故。则我与我所，是非好丑，无量差别，皆由斯灭，故名诸佛也。若新译者，谓佛果四智心品是有为生灭法。噫！谤佛甚矣。且问佛心有为，为的甚么？为善则有善报，为恶则有恶报，为不善不恶则有不善不恶报。佛若受报，岂不谤佛太甚乎？凡稍知佛法者，未有不知佛心不生不灭也，若佛自生灭，而教众生离生灭，有是理乎？新译谓佛心是有为生灭法，可谓离奇极矣，而学佛者偏尚彼说，亦可谓奇怪极矣。《楞严经》云：一人发真谛归元，十方虚空悉皆消殒。咄！是何境界耶？于这里还能说智说理欤？无理无智尚无处说起，况云理智各别者耶？吾观新译全以凡夫心妄测佛心，无奈佛心非凡夫心所能测何，若以理智各别之法，流传世间以为佛法，真要误尽苍生矣。

难曰：如师所言，正合性宗，岂可以性宗而难相宗耶？

答：佛法果有性相二宗乎？吾闻佛说一切法，为度一切心，佛因众生执相迷性故，说性宗以度之，我不知佛说相宗度何心耶？凡夫执有相也，二乘执无相也，皆无须立相，莫非因诸佛菩萨离相证性故，说相以破性耶？抑或因凡夫执相不深，而教其深执耶？尽其思量，不解吾佛说相宗所为何事。问：如此世亲何为而立相宗耶？答：我闻世亲立唯识宗，破一切相，圆成识性，正合佛说性宗，吾未闻世亲以何相为宗也。

六者，非陀洹之所断。新译谓唯断分别起之身见，旧译则谓亦断俱生之身见。

小乘有利钝二种根性。钝根见道断二十八使见惑，是合新译也；利根见道断八十八使见惑尽，是合旧译也。若谓俱生身见非陀洹所断者，试问八十八使见惑外，还有见惑否？若有，则佛有说法不尽过。若无，乌能言陀洹不断俱生身见耶？

七者，五法之事。新译谓五法不摄遍计所执，又谓正智摄于依他起性，旧译则谓五法应摄遍计所执，正智应通于依他及圆成。

五法三自性，互相包含，五法中含三自性，三自性包括五法，五法外更无有性，三性外更无有法。新译谓五法不摄遍计所执者，遍计所执非有名无实之法乎？五法中第一名法，不摄遍计而摄何法耶？至于正智有两解，若声闻之智，对凡夫之智，亦名正智，此摄依他起性，以从修得，非本有故。若诸佛本有之正智，不从外得，不属圆成而何耶？

八者，新译谓十二处十八界，摄法已尽，真如亦在其中，旧译则谓真如不摄于处界之中。

六根六尘名十二处，更加六识名十八界，且看此十八法中哪一法是真如，哪一法非生灭，若无所指示，或有所依据，若无依据，则又未免妄谈真如矣。真如不与诸法为伍。故旧译云：真如不摄于处界之中。

九者，新译于十二因缘，说为二世一重，而旧译则说三世两重。

在众生分中论过现未来，当以色身为主，色身未生之前，名为过去。色身已灭之后，名为未来，如此而论三世，未有不许者也。新译十二因缘，谓有现未二世，无过去世者。

且问：无明、行、识三支，在名色之前，名色未生，即色身未生，色身未生已前之事，不名过去，更以何事为过去事耶？又现在即未来之过去也，若此身已前之事不名过去，后身已前之事亦应不名过去，如此现在未来二世亦不能成矣。若有生以前之支，许是未来之过去，名色以前之支，何能不许是现在之过去耶?

无明、行、识为过去因，名色、六入、触、受为现在果，爱、取为现在因，有生、老、死苦恼为未来果，是为三世两重因果，循环不绝，缘觉观此悟三世缘空，故证无生。若依新译二世一重，无过去因，即无生死的因由，如声闻四谛法只有苦果，而无集因。法不周圆，修此法者，云何而悟无生耶?

十者，新译但谈有作四谛，而不谈无作四谛，旧译则谈无作四谛，有作四谛是小乘法，无作四谛是大乘法。

《涅槃经·圣行品》第七之三云：知四圣谛有二种智。一者中，二者上，中者声闻缘觉智，上者诸佛菩萨智。善男子，知诸阴苦，名为中智，分别诸阴有无量相悉是诸苦，非声闻缘觉所知是名上智。善男子，我于彼经竟不说之。新译之有作，只合小乘，而不知更有大乘也，旧译无作，则大小兼备。

十一者，新译谓心所法，在大乘则于心王外别立心所法，小乘则无之，旧译则谓大小乘皆同，无有区别。

心王心所，如世间之君臣，无君不臣，无臣不君。即无心王不成心所，无心所不成心王也。新译谓小乘只有心王而无心所，如无臣而有君。小乘不应如此，当知心王若离心所，即名出尘，是为佛心，除佛以下，尘缘未尽，皆不得无心所。如小乘既有涅槃可证，定有触意受想思，欲解念定慧，若无心所，谁修证而取涅槃哉?

十二者，新译谓心王心所同一所缘，不同一行相，旧译谓心王心所同一所缘，同一行相。

古德云：心所有三义：一、恒依心起，二、与心相应，三、系属于心，具此三义，名为心所。新译曰：心王心所不同一行相。且问：心所若有异行，或心王有异行，何得名与心相应哉！心王心所，如水之与波，未有水动而波不生者，亦未有波生而水不动者也。又凡异行相者，必不同体，若同体者，必无异行，此可断言，心王心所同一体质，何能不同行相哉？问：前四分文中曾云，心王无所缘，此何云心王心所同一所缘耶？答：心王所证之境，即心所所缘之境，一境无二境，故曰同一所缘，所缘虽同，能缘不同，故成王所。心所缘境，心境相对，故名有所。心王证境，境即自心，故名无所也。

十三者，三无性观之事，如上第二不同，此不更述。

十四者，新译谓八个识，及其相应之心所，皆有四分，皆能现相分，皆是缘起之本，旧译则以缘起之本限于第八识。

八个心王，及八王相应之心所，总计不下有四五百心。若各各皆是缘起之本，且问：唯识二字如何说起？所谓本者，如水之源，如木之根，根源之下，更无余地，故谓之本。又本者，诸法本此而生也。若心所是缘起之本者，云何心所恒依心起耶？若六识是缘起之本者，云何六识依七识而起耶？若七识是缘起之本者，云何七识依识性而起耶？识性无有起处，是真缘起之本矣。真谛本此，可谓得其真矣。新译认枝叶而为根本，本字之义尚未了解，而欲谈缘本之实事，岂异生盲而欲辨颜色乎哉？

以上新旧二译，共有二十二种不同义，旧译无一非处，新译无一是处，当知新译之非，犹不止此。简直言之，凡新译不同旧译者，皆无是处。余言：印度大乘佛法至护法时间，满面玄黄，不见本来真相，非过言也。护法生于印度，当大乘佛法无人之际，彼乃逞一己之私见，破真正之佛法。学者厌故趣新，正投其机，纵有一二知识，不能挽回末运，以致良如佛法一败涂地，诚可悲哉！至新译来此土，虽有玄奘师徒之才，而不能胜行中国者，盖当时多有明眼宗师在也，亦吾中国佛法不应消灭也。民国以来，复行新译，余因得而学之，乃知其底蕴，今得此便，为学佛者道之，冀出邪径，同登道路。若以余言为河汉者，敬待指教。

（1931年《海潮音》第12卷第9期）

# 评破守培师之读《唯识新旧二译不同论》后的一点意见

印顺

无著、世亲，唯识之学，传来震旦，总有三家：一、后魏菩提流支，译《十地论》，立地论宗。二、真谛三藏，广译经论，宗《摄大乘》。三、唐代玄奘三藏，大弘唯识。三家虽皆远宗慈氏，近承世亲，而意见每多乖违，形成水火。

良以流支、真谛，虽善梵文，而于华言多所隔碍。以致“音韵壤隔，混宫羽于华戎，文字天悬，昧形声于胡晋”。玄奘大师，目击心伤，跋涉流沙，躬往五印，既谙梵文，复尽性相，旋归中国，从事弘扬，法相唯识，光天耀日矣！

痛自会昌厄后，文疏凋零，佛教思想为之一变，唯冀冥悟，不尚教典。元明以来，唐疏尽佚，向壁虚造之禅，笼统颟顸之教，如火如荼，转去转远，于天竺性相之真相，丧失殆尽。明末从事于唯识之研求者，固不乏人，而终以文疏无观，未见成效，驯至佛教江河日下，仅剩形骸，大法难遇，有如此者。

自清末海运大通，唯识文疏重归我国，是何胜缘，得此大利，顶戴受持，宁容弃置？

不期有守培上人者，蔑视史实，未穷圣教，浪徵曲引，非难玄奘新译唯识正义。斥新译劣于旧译，卑玄奘不如真谛。然彼非真能知真谛者，第假真谛之名，欲从笼统之圆融，摧精微之法相耳。虽然，萤火烧须弥，终无能著者，徒自苦其神思，复何所益？

## 一、总非

总探彼文错误之症结，略有三点：一、不顾史实，二、未穷教理，三、成见太深。

一、不顾史实。彼文中作如是说："竺乾佛法历程，……马鸣始作大乘论，惟依佛法，不参己见，为纯清洁白之大乘法。至无著天亲等，则稍带色彩矣！由护法后，则玄色满面，而大乘真相完全不见。"又云："护法生于印度，当大乘佛法无人之际，彼乃逞一己之私见，破真正之佛法。"

试为问之：马鸣始作大论，马鸣以前，为有大乘？为无大乘？若无大乘，我佛说法四十九年，岂尽小乘？抑系大乘根机全未成熟，或佛涅槃，大乘根机随之涅槃。复以何缘，马鸣忽而造成纯清洁白大乘佛论？若有大乘，为有色彩，为无色彩？若带色彩，马鸣以何忽而洁白？马鸣以后，云何又复色彩满面？若无色彩，云何马鸣以前无有大论？

马鸣菩萨，出生年代，依诸传记，言人人殊。云何知彼始造大论，莫是造《起信论》之马鸣菩萨否？《起信释论》释摩诃衍说六马鸣，未说第几马鸣造此《起信》，时日尚难确指，以何因缘，知马鸣前无有大论？

马鸣始造大论，纯清洁白，以何证知？为《大庄严论》耶？《尼乾子问无我义经》及《大宗地玄文》等耶？

无著菩萨，亲承慈氏，五部大论，慈氏亲宣，以何缘故，无著菩萨，稍带色彩？岂得亲闻，劣于私淑？

天亲论师，造《三十颂》。十大论师，为之作释。云何文中，唯言护法，不及其余？

未了佛法流行历程，妄欲论列，如何不牵强？如何不附会？竺乾佛法历程如何？如下略说。

佛涅槃后，天竺佛法，偏宗小乘、上座、大众，意旨分歧。尔时大乘，似显似隐，纵有几许大乘思想，间杂于小乘，而终晦昧，不为人重。

上座部说：法体实有，三世恒有，无为无有作用，盛宏于北印。大众部说：诸有为法，随缘生灭，过未无体，现在实有。盛宏南印。根本二部，一有一空，时代迁移，派别繁多，有保守小乘，有摄收大义，略分二十，广成五百。有立一切有，如萨婆多；有说一切空，如一说部；有说俗妄真实，如说出世；有说法无去来，如经量等。

七百年中，龙树菩萨，生南印度。学通小乘空，深悟大乘义，后得多量大乘经典，始了大乘佛法真相，遂尽舍小义，独弘大乘，依遍计执，演毕竟空，大乘佛法，因而确立。

其后小乘各宗皆有发达，靡不摄取大义，以入己宗。自大众部流出之部别，为最显著。

九百年中，印度佛法，多执空义，不了空是有空，拨无一切。当斯时也，无著菩萨，生犍陀罗，学通小乘有，深悟大乘义。睹彼邪执，遂升兜率，劝请当来补处弥勒慈尊，降中印度，说五部大论，依依他起，演如幻有，破彼外、小及于空执。

世亲菩萨，无著之弟，承慈氏之教，广造大乘论。末年造《唯识三十颂》，未为长行广释便卒，有火辨、亲胜等十大论师，为之造释；尤以千一百年护法菩萨所造释论，最为允当。

上来所说，是天竺佛法流行之大概，史实俱在，非可任意变更，却欲变更，亦所不能，云何守师文中“纯清洁白”“玄色满面”等名词，不据史实，随口乱说，谤法耶？谤僧耶？抑谤佛耶？宜知自忏。

二、未穷教理。彼文欲以所谓“真如缘起”法门，破斥唯识“赖耶缘起”。二种缘起论之孰为了义，无庸加以诠释，兹欲论者，彼于教理，迷离惝恍尚未彻了也。何以知之？观彼所说，足以明之，如言：“七识心王，即是八识心所。”不知七识心所，又是何物？小乘惟说六识，岂即无有心王耶？小乘八十八使，是分别起，惟是见所断，而彼以为断八十八使见惑尽，亦断俱生身见，不知小乘见修九十八惑，本不立有俱生身见也，身见惟是见苦所断，何容说有俱生？

余如三性、三无性、真如等，皆未知见，如后文辨，此处不述。

三、成见太深。“凡旧皆是，无新不非”，为该文一贯之主张。虽非新译，而矢的又为护法，几于护法之外无有新译，实系胸有成见，不自知其矛盾也。

玄奘新译，卷帙浩繁，即以法相而论，有如来说，如《解深密经》；有弥勒所说，如《瑜伽》等论；有无著造，如《集论》等；有世亲造，如《百法》等；有安慧造，如《广五蕴》；余若陈那、师子觉等所有著述，莫不有所翻译。护法菩萨，仅有《唯识释论》《成唯识宝生论》等而已。如现在流行之《成唯识论》，本是糅十师之说以成，非护法一人之言，奈何对于新译浪出过失？尽归咎于护法，似一切新译皆护法造者，实令人百思不得其解。

“非太虚批评不是，亦非玄奘翻译不是，实在护法妄立有宗之不是。”既惟护法不是，而非玄奘，则新译中，除《成唯识论》等外，非护法造者，自当信受。云何文中处处违于《深密》等经、《瑜伽》等论？岂护法妄立有宗，即将一切经论，尽行窜改耶？

如《摄大乘论》，译者非一。本论四译，惟真谛异，余三略同。释论三译，亦陈译异，余二略同。究系梵本不同，抑系译者未能尽善？真谛立九识义依《决定藏》,《决定藏论》非护法造，是瑜伽文。三无性论，即是《显扬》。新旧两译，处处乖违。若定云梵本有异，佛灭千年，不宜与原始三藏之专赖口诵者比，当系有人窜改，若云窜改，谁实为之？设护法改，云何古译多有与新译相合？如《摄论》之魏译。若云译者未能尽是，则“亦非玄奘翻译不是”，究系谁之不是？

总之，为文之初，执定一“无新不非”“护法不是”之观念，因之临文，附会割裂亦所不计，谤大菩萨亦所不计，惟以达到新译不是之目的以为快。鄙见所及，信佛法者，必不如是。

## 二、别斥

上来略说其错误之焦点与所以，下随其说，别别破之：

### （一）五性一性

定性二乘之为有为无，回小入大之可能非能，阐提之成不成佛，古代大德，异说纷纭，实无庸赘言。但对来文，不得不略说之。

法华开三显一，似无五性；深密会上会一立五，岂容一性；宝性论会无性阐提，永不成佛；基、测诸师，会诸有情皆有佛性。孰是孰非？谁权谁实？

法相唯识，五性立宗，上据圣教，下依正理，非护法义，非玄奘义。《深密经》中，佛门亲宣。《瑜伽》《庄严》，慈氏明说。若以奘师所译，斥为“违背至教”，谤大乘经，得无量罪。云何释子不知畏惧？罪福虽云性空，果报宜知现有，莫以唯心，拨无一切。

文中援引《法华经》文，以显二乘定性永不成佛之非，然《深密经》中作如是说：“一向趣寂声闻。……终不能令当坐道场，证得阿耨多罗三藐三菩提，何以故？由彼本来惟有下劣种性故，一向慈悲薄弱故，一向怖畏众苦故……我终不说……当坐道场，能得阿耨多罗三藐三菩提。”《庄严论》说：“引接诸声闻，摄住诸菩萨，于此二不定，诸佛说一乘。”二乘定性是否成佛，依上经论，理如磐石，清辨菩萨，尚须待问弥勒菩萨，斯人何人？直辟五性非理。

“众生有二，佛法有二，唯识义不成。”佛法有二，二于何有？唯识不成，试言其相。

“小不入大，大不摄小，乃有不平等之相，大小并立故。又大乘不得圆满之相，大外有小故。”大乘小乘，机各不同。无漏种性，法尔各别。旷观一切有为诸法，从因缘生，皆有无量种类差别。无有因缘所生，凝然唯一物者，如何有情所具无漏种性，独无差别？唯是一大，若约理体，真如一味。大乘小乘，云何而有不平等相？《解深密经》云：“一切声闻、独觉菩萨，皆共此一妙清净道，皆同此一究竟清净，更无第二。”又云：“由清净真如故，一切声闻菩提。独觉菩提，阿耨多罗三藐三菩提，平等平等。”若必无小唯大始名平等者，应惟存大海，绝诸河流，始名平等。江河东流，同依大海，彼江此河，互不相摄，何者是不平等相、不圆满相耶？

法相五性，约本有说，非约新熏及约现行，人尽知之。独彼文中有所异说："所谓五种姓者是诸有情各各具足五种性，非有情有五种各别不同也。"若如所说，此五种姓，为约种子，为约现行？若言种子，如何复言："夫姓者生也……如人初则谤佛……忽然又变为信佛……再变……"《瑜伽论》说，复云何通？"若般涅槃法者，一切种子皆悉具足；不般涅槃法者，便阙三种菩提种子。"或具或阙，差别不同，所谓"有情各各具足五种性"，当知非理。若约现行，为一时具、为前后具。若一时具，异生应名声闻、缘觉如来，有凡圣乱，坏三乘过；若前后具，既无本有种子为彼因缘，如何法尔能起现行？无因有果，非佛法矣！

"菩萨种性，亦因不变成佛性，同二乘性，法尔如是故。"不知菩萨种性、如来种性，非有别体，仅因果异。非体有别而不能转变，则麦苗不能转成麦穗，豆苗亦应不能抽芽结实矣！如此设难，岂不令人齿冷？

"不定性亦应永远不得成佛，或成佛而有退转，是法尔不定性故"，言之依然，而未必然。夫"不定"言，非约时间上之忽胜忽劣而说，以彼有情，具有或三类、或二类之无漏种子，不定属于大，不定属于小，故名不定。菩萨种性因缘成熟，云何不成佛耶？有无性异，何得以彼无性例此有性，若云"成佛而有退转"。劣为胜因，胜非劣因，理本极成，何劳妄诘？

"当知我佛说法，有二种语：一、方便语，二、究竟语。言阐提无佛性者，乃一时方便之言也。涅槃会上而说阐提有佛性者，乃究竟之言也。"方便、究竟且不论。所谓阐提，有其几种。《楞伽》卷二，谓阐提有二种：一者，焚烧一切善根，则谤菩萨藏；二者，怜愍一切众生，作尽一切界愿，则是大悲菩萨也。《庄严论》中说有二种：一、时边（暂时之意），二、毕竟。《瑜伽论》说第五无性，《善戒经》谓："无种性人，但以人天善根而成熟之。"

总诸经论，阐提有三：一、大悲菩萨，以毕竟不成佛故，名为无性。二、断善根者，以暂时无善根故，名为无性，实是有性。三、毕竟无性，毕竟不成佛故，是真无性。

彼文只知阐提无佛性言之为方便，不知无佛性言亦通究竟。若约断善根者、大悲菩萨，则无佛性言，是其方便；若约毕竟无性而说，则无佛性言，是究竟了义之说，非方便也。

该文许"吾佛既有佛性、无佛性之两种言，阐提应有成佛、不成佛之两事"，而不许"吾佛既有佛性、无佛性之两种言，阐提应有成佛、不成佛之两类"，实所不解旧译说阐提始不信佛，终必信佛，惟说暂时断善根者，不说毕竟无性。守师犹复谓其"二语兼到，新译逊旧译一筹"。以我视之，旧译只得新译半边也，以不说毕竟无性故，质之上人，以为何如？

## （二）依他有空

一切诸法所知性相，离于言说及假智诠，法尔如是，绝待绝待，有尚不有，岂容言空，回绝二边，归无所得，是则有空，皆戏论也。

然而离言绝待，非是断灭。法尔具足，如是性相，无欠无余，不增不减，圣者以内证智之所得。假言施设，有为无为，若约当体，非为无为，不堕空无。约假施设，是为无为，不着情执。故约遣情，四句不立；若约显体，四句皆成。

且论有为依他起法，为有为无。夫依他起，即是法相；彼圆成实，即是法性。法性法相，二不相离，相不离体，体不离相，无相之体，世所无有，云何旧译谓圆成是有、依他是无耶？

依他起法，亦有亦空。云何名有？唯识所现性之相故，地上量智正所缘故，非惟俗有真不无故，毕竟空中宛然有故。云何名空？胜义谛中虚妄假故，法体离言非情有故，非有似有如幻事故，宛然有中毕竟空故。无著依初，龙树依后，有空虽别，无所诤竞。若言定有，则堕小乘，执有相法。若言定空，有所得大，恶取空见。

若尔，新译云何依他是有？依他有言，善巧之相，非有非不有。假说似有，岂得随言而生执著？良以有为法体虽有（非断灭故）非常（念念生灭故），依体施设谓之假名。《唯识三十颂》云："由假说我法。"《中论》云："因缘所生法……亦为是假名。"《解深密经》云："有为者，乃是本师假施设句……然非无事而有所说……即于如是离自法性……假立名相，谓之有为。"

文中于依他起法，不了非有似有，而言："可断言是空非有矣。"夫依他起法，固非凡情所可定有，然亦何尝可断言空。拨无依他，是恶取空。《中论》云："若复见于空，诸佛所不化。"譬如明珠，体相不离，今欲离相觅体，宁复可得？

缘生性空，不违新译，依他起法，胜义谛中虚妄假故。所谓性空，非复无事，世俗谛中真实有故，即此实有，为彼虚妄。缘生性空，不一不二，何得执定有之一字，而浪加非斥耶？是师自破，非关唯识。若以性空，便拨缘生，何不依于缘生，而拨性空？彼此异因不可得故。唯识正义，因缘生法，体是实有，从自种子之所生故。此实有言，是世俗有，不同遍计实我实法，故新译谓依他是有。惟遍计无，若如旧译，依他遍计，同是一空，惟真如有，有性无相，离相有性，纵知性空，岂悟缘生？殆世所谓“独具只眼”者耶！

“如世间万物，皆依四大而起，若离四大，则空无所有。”四大非实，唯识所现，造色生时，为增上缘。既非因缘，同喻不成，破名似破，唐捐其功。即退一步约相似说，离于四大，万物非有，是名缘有性空。依四大起，宛尔现前，是名性空缘有。

“若有自体，应常不灭，不应有起故。”因一“有”字，作如是破，何独不思旧译真如实性，亦是有耶？既云“不应有起”，云何复说：“本识即指识性而言……以一切心法，一切色法，皆本识之所变起。”自语相违，适成自破。

“依他是有，圆成亦有，云何而名唯识？”依他是识相，圆成即识性。识相识性，虽各不同，离识之外无别性相，云何说言唯识不成。如日轮、日光虽有不同，离日之外无别轮、光，名之唯日，何所相违？

## （三）三性三无性

文中谈及三自性、三无性，错误百出，指不胜指。如曰：“佛说三自性者，随顺世间法也。说三无性，是依诸法本性而说也。”下文复引唯识颂云：“即依此三性，立彼三无性，故佛密意说，一切法无性。若以三无性为依诸法本性而说，即不当引唯识颂。”“故佛密意说，一切法无性”之文，既知密意说一切法无性，犹谓“是依诸法本性而说”，无乃太自相矛盾矣！若以唯识颂文为稍带色彩，不可尽信，则有《解深密经》之言，正其谬执：“相生胜义无自性，如是我皆已显示，若不知佛此密意，失坏正道不能往。”

“谓龙树本三无性以破有则可，无著本三有以破空则不可。”龙树本三无性以破有，我亦谓然，然所破有，是小乘有。《中论》等本文，世所共见，岂得谓为破唯识依他之妙有（缘生幻有本空故）？无著本三有以破空（应言三自性，不当言三有，遍计所执，情有理无，不可有故）？唯汝不许，然所破空，是拨无依他之恶取空，非破即有之真空也（真空即缘生故）。无著如此，我佛亦然，《深密经》文，足为诚证。

“无性是真，有性是妄。”《法华经》说：“入邪见稠林，若有若无等。”云何此“无”可得名真？既云：“有性是妄”。旧译之真如实性是有，云何又得名真？“无性是真，有性是妄。”性有性无，是执者自妄，非关三性及三无性。

三性三无性，无所谓真妄。所以者何？体一而义二，非互相破，互相成故。三自性者，是表诠门；三无性者，是遮情门。《解深密经》云：“然由有情于依他起自性，及圆成实自性，增益遍计所执自性，故我立三种无性。”依此经文，可知依他圆成，法体离言，非有非无、非非有非无、非亦有亦无。但约理言，不可言无。性相具足，非空花故。然以凡情不了，于此依圆，增益遍计，依他圆成，成遍计境，大圣慈悲，说三无性，遣彼增益，显如实相。

相无自性者，即遍计所执性。生无自性性者，经云：“此由依他缘力故有，非自然有，故说名生无自性性。”则知为遮自然有执，而立生无自性性也。胜义无自性性者，经云：“是一切胜义谛故，无自性性之所显故，由此因缘名为胜义无自性性。”则知为遮有戏论我法性故，立此第三胜义无自性性。

是知三性、三无性，体一而义二。无著依三性，即依三无性。所谓本三自性以破三无性者，破彼闻说密意言教，定执一切皆空，无有依圆之情执耳。

护法菩萨，承风染衣，依于圣教，而作论释；依于正理，而破恶空。六经、十一论，是所依据，融会阐发，不违先哲，而文中有“自立有宗，反对清辨，推尊世亲，欺诳后人……假世亲之名，破世亲之法”云云。出此恶言，是何居心？谤大乘教，毁大菩萨，颠倒黑白，淆乱是非，全不知罪业之为何物？嗟乎！法末魔强，一至于此。

“现前立少物，谓是唯识性，以有所得故，非实住唯识”“若时于所缘，智都无所得，尔时住唯识，离二取障故”，依此二颂，即谓护法违背世亲，全类孩提之见。知根本智证真，不知后得智了俗；知有真空，不知俗有；知世亲之本真空，不知世亲之本妙有。全未窥见世亲教义，妄谓护法“阳奉阴违”，岂不自愧！

（四）真如问题

“余于世亲《百法论》，再四寻觅，不见真如法。”奇哉！六无为法，当体即真，说为不见真如，岂不如盲者之于五色耶？《百法论》云：“四所显性故。”性者，即是真如圆成实性。此真如性，是心、心所、色、不相应行四法之所显，故曰“四所显性”。

云何名显？于有为法依他起上，远离遍计所执，我法二空为由致故。真如实性如实显得，《唯识三十颂》云：“次由远离前，所执我法性。”是知《百法论》中，实已说有真如，而彼谓“再四寻觅，不见真如”无已，作再五之寻觅可乎？

六无为法，体皆真如，非仅真如无为，始名真如也。夫此真如，唯是地上无分别智之所证得，一尚非有，云何立六？盖以世尊为欲令诸有情，现等觉故。施设无为，约位所显，则十地中有十真如，约流转性相，四圣谛体，立七真如，如《百法论》，立为六种。

地前凡圣闻此虚空等名，随分别有虚空等相，熏习力故。现似虚空等无为相现，惟是意识所现独影，固不能得真如。但以一切名言，本欲显理，立无为法，意显真如。“所显性故”，论文明如日月，云何偏说《百法论》中无真如耶？

若依旧译，立有第九阿摩罗识，即是真如者，《百法论》中应有一百一法。又若立真如名阿摩罗识，应有生灭，应是有为所摄，名为识故。如余八识，诸有为法，无不从缘，从缘所生。胜义谛中虚妄假法，真如实性，岂容如是，真如实性，岂即是识？

若依新译，真如实性，净识所缘。所谓净识，即是地上如理正智。智与真如，平等平等。

“有为色法，已成前五，更无再成之余地；有为心法，当更详之。六识转，诸有为法空；七识转，诸无为法空，色心俱空；八识出尘，离诸垢染，且道此时是甚么境界也？八识之体，真而不妄，如而不异，非真如而何耶？”所列境界，余以意度之，似非一般凡夫境。我既未证得，本无须说。但学佛法，圣教正理，为其准则，依理推寻，或亦可得其大概。

诸有为法，是依他起，离诸遍计，即显真如；有为色法，体即真如。云惟何是“八识之体，真而不妄，如而不异”。非诸色法。若诸色法，性非圆成。诸大乘经，何处曾说请语我来？

六祖慧能，在宗门中，可称明眼者，颂云：“五八、六七，果因转，但转名言无实性。”若如文中所说，则因中意识转，有为一分空；七识转，无为毕竟空；直至果位，八识不转，惟是出尘；前五识转，有为一分空。如此言义，曾所未闻，岂非凡愚之所可测？恐佛对此，亦将皱眉不置。

第九阿摩罗识，体即真如，为转不转，同名为识；有转不转，不应理故。若亦有转，转成何法？可得闻耶？

八识出尘，体即真如，与阿摩罗为一为异？若是一者，唯有八识，云何有九？若是异者，八识亦如，九识亦如，真如应二。

若约八识所显法性，谁不许彼体即真如，何容别立有第九识？依他八识，离于垢染，即是成事、观察、平等、圆镜、四无漏智、无漏有为、清净依他，谓之识性，见未了了。

文中引《三十颂》“即唯识实性”之言，证明真谛本此立论，真如是识，惟知是识，不明性相，徜恍迷离，于此可见。识之实性，即是真如，识即是相，属依他起。性相不明，而谈唯识，学有根柢，恐不如是。难新译云：“真如有灭耶？无灭耶？若有灭也，不名真如，真如不变异故。若无灭也，唯识义不成，有所缘法在故。……岂不见颂云‘以有所得故，非实住唯识’乎？”有灭无灭且止，先明有所得义。有所得者，约“能缘”边，带相缘如，不亲证故，若约“所”言，则无所得，须拨一切，如此言空，非大乘空、非唯识空、非法性空，一法下立，还宜记取一法不无，莫执半边，论长论短。

真如实体，绝诸戏论，为灭不灭，无容置辩。石女本自无儿，焉有贤愚可辨？但所知者，《成唯识论》作如是说：“无分别智都无所得（有所得言，得此愈明），下取种种戏论相故。尔时乃名实住唯识真胜义性，即证真如，平等平等。”唯识此文，即依颂释：“若时于所缘，皆都无所得。”

## （五）一能变与三能变

真谛之所谓本识，自来皆言指第八识。以第九阿摩罗识，体即真如，是不生法故。独彼文中，有所异说：“真谛说之本识，即指识性而言，非谓八识也。”在真谛之本识，是否识性，抑系八识，非今欲明。

新译八识，皆为能变，破云：“识色并立，唯识不成。”且所谓色，指外境色，抑指内色？若是外色，有空破过，唯识不立有外色故。若是内色，唯识之义云何不成？本质色法，赖耶相分；影像色法，从六识起。若相用别论，则色不离识，名曰唯识；若摄余从识，则色亦是识，名曰唯识。所谓不成，讵非梦呓？

阿罗汉位舍，但舍赖耶之名，不舍依他识体。如人犯法，畏罪潜逃，更易姓名，迁徙异地，彼之本名，虽已舍除，非即彼人随之殒没。但舍其名，不舍识体，义符圣教，不违世亲。

若一切法，皆从所谓本识起者，唯识之义，云何得成？说唯识言，明无外境，唯有内识；今九识中，有唯不唯，于理于教，是不善巧。

文中辨一能变与三能变之是非，出新译有三种过：一、违世亲；二、违事实；三、自相违。

一、违世亲。新译世亲，本无相违，有相违者，全由牵强误解而来。《三十颂》云：“由假说我法，有种种相转，彼依识所变，此能变唯三，谓异熟思量，及了别境识。”彼云：“彼依识所转之识字，即指本识而言，谓此本识，能转变以下三种心色诸法，故曰此能变为三。……新译误解‘此能变为三’之‘此’字，是指下三变，乃以所变为能变。”

嗟乎！窜改论文，任情妄解，独不思古圣遗言，未可以凡情而改易之也。“彼依识所转”，“彼”者，指法之词，指前所说我法；世间及圣教，所说我法，依识所转变而假立。此能转变之识体有三，即异熟、思量、了别境识。如斯解释，误也安在？

今彼文中，改“彼依”为“依彼”意谓“彼”指本识，此本识能变为三（异熟、思量、了别境三识）。夫以窜改论文，自圆其说，非学者态度，更非释子所宜有，守师出此，可谓具大手眼矣。若系手民所误，本是“彼依”则如上所解，则新译未始有误，况颂下有“次第二能变……次第三能变”乎？设如所说，云何不名所变而名能变耶？

“若诸识皆是能变者，不知谁为所变耶？若以三界万法为所变者，云何合乎颂文由假说我法耶？”自心所现影像相分，是其所变，愚夫不了依他离言，随于情执说有我法；圣者知是依他起性，虽有而非实我实法。依体施设，立我法名，以何因缘谓为不合？

“异熟、思量、了别境识”，唯是心法。若谓本识变此三者，岂无色法为所变耶？“能转变以下三种心色诸法”，三种是心，我亦云然；色等诸法，恐有误会，此八字中，共有几字明于色等。

彼文引颂且附以说明云：“是诸识转变，分别（指诸识）所分别（指诸境）。”颂文既明言“诸识转变”，何得妄据？明本识（识性）变三识，主观既深，复不谙文，葛藤重重，知者阅之，定为捧腹。

一切种识，谓即本识。真如能生，是名外道。

二、违事实。“现前森罗万象，何象是我心所变耶？……凡心似有能生之义，实则心若无法，绝不能生。”趾高气扬，侈谈唯识，而谓心不能变，自语乖违，森罗万象，皆自识变，识尘随生，识灭随减，若不信者，请闭若目，无动尔手足，眼识身识不现前时，汝以何法证知离身器具是有？若因人言，此是声尘，若因拟议，唯是法尘土，非能知有器具等，质碍形色也。

“凡夫心为物所转，未闻凡夫心能转物。”但知“能随境转”“能由境能”，不了“境是能境”，仍是道得一半也。

“凡从他生者，绝无能生性；凡有能生性者，绝不从他生。”染衣比丘，言同外道，不平等因，正是此执。若如听说，梵天能生一切，不从他生，是正非邪。数论三德，本性非变异，亦是正道。上帝自有、永有，创造一切，应是正说；父母生子，父母应非人类所生，亦非一切所生。从“凡有能生性者，不从他生”故。

三、自相违。诸识皆是能变，与种子能变，义无矛盾，何以故？识体皆从自种生故，种是赖耶相分摄故。唐疏具明，无待词费。

### （六）显识与分别识

显识与分别识，在真谛意，正指八识及前七识，何以知之。阿赖耶识能变现一切境界，故曰显识。旧译《中边分别颂》云：“根、尘、我及识，本识生似彼。”似根、尘等显现，名为显识。今彼文云：“所谓显识者，显现其境相，乃第七识也。”夫第七识体，无始时来，与爱、见等四烦恼俱，执兹赖耶为自内我，如何可得名为显识？《中边分别论》云：“似我者，谓意识（意即识）与我见、无明等相应故。”几曾说为显现其境相耶？不依古说，好创别解，深恐凡情，未契圣意耳。

“所谓分别识者，分别境相，乃第六识也。”不知分别，正指前七，《显识论》既云：“一切三界，但唯有识。”如何不总指第八及前五识。若显识、分别识外，犹有识者，云何名为“但唯有（二种）识”？《瑜伽》六十三云：“识有二种，一藏识，二转识，谓眼识乃至意识。”（第七亦名意识，意即识故。）与《显识论》所指正复相同。

文中复引《起信论》文，以自圆其说，不知起信明乎能熏？故尔不举第八，显识总明一切三界？如何唯言六七？

## （七）唯识四分

护法四分，深入唯识，而守师极力破斥，谓具“违圣言，逆世理”。二千余言，斥证自证之非，而自显己说。结云：“即此四分，已不能尽出其过，若总论之，真有海墨书不尽之势矣。”夫欲破他，必须善自他宗。今观所破所立，于自义既有模糊，于唯识更未了了，率尔陈词，立破成似，欲以萤火，争光日月，不知自量，徒招业愆。

“既不能现前指出，又不能假类发明，又无圣言考据。”不知此证自证分，护法于何处得来耶？证自证分，体是心分，如何现前可以指出？如显识与分别识，体是心分，现前能否指出？若不能指，奈何护法所立证自证分，欲其现前指出耶？

此类发明，即是比量，彼文云：“如人只能证人，不能证物；物只能证物，不能证人。”既尔，证自证分，体是心分，心分为喻，当为所许。基师量云：“第三心分，应有能照之心，心分摄故，犹如见分。”测师量云：“第三自证，必有能证，是心分故，犹如见分。”即此比量，善能成立，设谓不成，请指其过。

圣言考据者，《成唯识论》引有明文，《密严颂》云：“众生心二性，内外一切分，所取能取缠，见种种差别。”既有比量，及有圣教，为所依据，何得诽谤拨无第四？

“以现量考之，如眼见一物，物为相分，眼为见分，发见之心即能知见者，为自证分。”如此所说，非大乘义。婆沙常谈，眼根能见，外境所见，依根发起心心所法，而为自体。若从小乘一切有义，视为大乘至极之谈，真谛九识，云何可立？且约所说，试为问之：眼根为见，耳亦然耶？鼻、舌、身、意，是否皆见？既同名根，应同为见分，彼此异因不可得故。且此意根，为如小乘，指前灭意；抑依大乘，指第七八。若同小乘，是前灭意，云何过去为现见分？若依大乘是第七八，云何七八自证识体与第六识而为见分？

文中不许以心缘心，全系误会经文而来，唯识说识，约依他起，是有为法；《楞严经》中心约真如，是圆成实，两不相蒙，讵可名同混而为一。七处征心，心不可得，虚妄分别非彼心故。八番辨见，见不能及，惟证所知绝戏论故。若言依他识体，云何不是所缘？意识遍缘，世所共知，况佛名遍知，若不缘心，云何名遍？诸佛如来，是现量境，非比知故。

或又窃彼小义，视为大宝。萨婆多部，不许心缘自体，婆沙智纳息中广解其相，然仅不许一刹那中，心缘自体，第二刹那，有可缘义，非是究竟不可缘也。

且他心智，汝许有耶？若不缘心，云何能知？若是比知，非佛境界。依真谛义，阿摩罗识有其二义：一、所缘境，名为真如；二、能缘义，名无垢识。既信旧译，推崇真谛，九识自缘，云何不知？

“自证与见分，既是一体，如水与波，波水不二，如何而成缘哉？……以水洗波，以尘染土，可谓世间之大笑话。”心法自缘，婆沙广破，《唯识述记》引而解之，虽是一体，功能有别，心虽自缘，不同大众，真如实体，倘容自缘，岂得识体，即不缘自；犹如两手，同依一体，岂得一体，手不自握，或不触身，既云：“人只能证人，不能证物，物只能证物，不能证人。”云何以彼波、水不二喻见，自证既可从权，以水喻心，我亦方便，取人喻识。

凡夫六识能缘八识，第七识能缘赖耶。若以体是能缘，即不成所，亦应我能见人，即不为人所见。

自证之证，作证明解。难云：“果是证明见分，当名证他，何名自证耶？”体是一故，名曰自证；用各别故，自证缘见。例如人体是一，官能有多，自知自见，有何不可？

“见分能缘，不能证，无体故；自证能证不能缘，无用故，此心王心所之区别也。”心与心所，尚不能知，敢尔为文？论缘不缘，说证不证，以子之矛，攻子之盾，其何以自解？“眼为见分，发见之心，即能知见者，为自证分。”论见分，则或曰根，或曰心所；说自证，则或曰心王，或曰能知见者，迷离扑朔入见网矣！

“自证能证不能缘”，此自证分是何法耶？若是心王，云何不缘？《三十颂》云“了境为性相”。了别境界，岂得非缘？

心王不能缘，惟是心所者，恐真谛旧译，无有此义。心王心所，体性各别，同能缘境，未尝有谓“心王心所分而言之”者也。诚证甚多，略举其一，《辨中边论》云：“三界心心所，是虚妄分别，唯了境名心，亦别名心所。”《瑜伽论》云：“识能了别事之总相，作意之此所未了相。”心王心所，同能了境，诸大乘经，何处不说心是能缘虚妄分别。是知心不能缘，直如梦呓，本无可辨之价值也。

自证能缘，如于见分，应有能证，证自证分，理善施设。

“证即真缘，所谓无缘者，无所不缘也。但无所缘，非无能缘。”此有二过：一、以清性心作依他心，有性相混淆失。二、既有能缘，应有所缘。能所二法，相待因成，有能无所，能有何能？即如所说。但无所缘，实则无所不缘。须知此是佛境界，岂得凡夫无有自证，如此妄说，未识是否，“自误误人，可悲可叹”。

## （八）阿陀那识

阿陀那识，意言执持，执持种子根尘，结生相续，即是赖耶别名。《解深密经》云：“于中最初一切种子心识……依二执受：一者有色诸根、及所依执受，二者相、名分别言说戏论习气执受。……此识亦名阿陀那识。何以故？由此识于身，随逐执持故。”经文分明如此，而真谛以阿陀那为第七识，岂不相违。

真谛以第七识名阿陀那，执持第八为我我所，其体虽是，而名非也。《楞伽》云：“心、意及意识，分别外相义。”《入楞伽》伽陀云：“藏识说名心，思量性名意，能了诸境相，是说名为识。”旧译云：“本识但是心，意能念境界，能取诸境界，故我说唯心。”皆以第七识名意，未闻以第七名执持。意者何？即是末那，恒审思量，名为意故。

“此以八识比大海，以七识比波浪……又比以暴流，而非大海亦明矣。……若以暴流比八识，更以何识比大海耶？”奇哉固执！处处生疑，牵葛攀藤，了无已日，经论说喻，信手拈来，但能显意，无所不可，既以大海比藏识，即不能以暴流比藏识，恐无此理。

如《起信论》中，以大海喻识性，波动喻藏识，一也；《深密》《楞严》，以暴流喻藏识，二也；《楞伽》以大海比藏识，波浪比余七，三也。岂得执定喻法，谓阿陀那如暴流，即非第八？若谓《唯识颂》中“恒转如暴流”。正明七识，即是八识之心所，触等亦如是，连下而读者，云何阿罗汉位舍，复颂藏识，文尚未通，遑辩道理。

《解深密经》云：“如大暴水流，若有一浪生缘现前，唯一识转。……然此暴水，自类恒流，无断无尽。……由似暴流阿陀那识为依止，为建立故。若于尔时有一眼识生缘现前，即于此时一眼识转。"以暴流喻阿陀那第八识体，明显如是，而复执著，殊为奇突。又况暴流之与波浪，亦复不同乎？

《起信》以波动喻藏识者，明其体性即是真如（大海），虚妄显现为其识相（波动）。《楞严》以暴流喻藏识者，明其恒时流转，非断非常。《楞伽》以大海喻藏识者，明为所余七识之所依止。约义下同，喻亦各别，岂可以喻异，妄生诤论乎？

唐代定宾，斥为真谛诵出之意。时间上相去未远，见闻或较今日为亲切，时至今日，去圣时遥。上去隋唐，又复千载，惟有以译文之较为忠实者为准则，而观察其余；否则镕佛说、魔言于一炉，非佛法之幸也。

此下彼论复举灵润之十四不同义，逐条判释，旧译为是，新译为非，兹以文繁，不再缕析，准前理趣，如理应知。

总之，研求佛法，为求种智，非为自宗互相诤竞。若欲以蠡测之智而量教海，管窥之见而谈佛法，情存取舍，意有偏袒，直闭目而谓天下无所有，掩耳而谓举世无所闻耳。

嗟乎！明尊真谛，而不足以知真谛；明破护法，而不足以破护法。唐言戏语，何所利益？究欲与古人争胜负，抑欲导群生以陷溺耶？

二十一年一月一日，写于闽南佛学院自修室

【芝峰阅按：守培禅师，近颇轻易发其于佛学见解之言论，如评者所评之文，实因其未读新旧译之法相经论，唯就于梅撷芸居士《相宗新旧两译不同论》中，望文生义，错谬百出。今得是评，虽未能破守师之成执，要亦抉批初学佛者所蒙之眩翳也。】

（1932年《海潮音》第13卷第4期）

# 驳印顺师《评破读唯识新旧二译不同论后》的意见

守培

余作《读唯识新旧二译不同论后的一点意见》，载在《海潮音》十二卷第九期，当时编者即批评不无商榷，但未指定商榷何在。余曾致函满公，请指出商榷落处，至今未见答复。今见《海潮音》十三卷第四期中载有印顺师评破余读唯识的意见，心甚喜之。余按印师这一篇文章对余如十一分重礼，却又要教余全收，余家之主，焉能听他做耶？余当亲检来礼，当收则收，当璧则璧，于有重要之处，还要回敬一点。世所谓礼尚往来，往而不来，非礼也。今查来礼分两类，一、总非，二、别斥，总非中有三：

第一、非我“不顾史实”。其不顾史实之处，在马鸣始作大乘论。余意马鸣造《起信论》，龙树解释，首曰：顶礼圆满觉，觉所证法藏，并造论大士。可想马鸣是龙树过去知识。余按史实，这大乘论者，龙树以前只有马鸣，马鸣以前，未闻有何论师，故说马鸣始造大乘论。印师既曰余不顾史实，彼必别有史实在也，祈将龙树大士前，请出几位大论师来，并将所造大乘论指出几部来。

印师问我马鸣始作大乘论，马鸣以前，为有大乘？为无大乘？此问太糊涂，余文谓马鸣惟依佛法，不参己见，还未看见否？彼时虽有佛说大乘经典，人多不信，虽有若无，所以马鸣造《起信论》也。若大乘行世时，虽可造论，必不名《起信》矣！

无著菩萨亲承慈氏，五部大论，慈氏亲宣，以何缘故？无著菩萨稍带色彩，岂得亲闻劣于私淑？无著亲闻慈氏，马鸣亲承佛嘱，慈氏未必胜于释迦。《起信》一论搜尽佛法精髓，五部大论专谈佛法名相，其价值高低已可知矣！至余佛教历程，非论所要，何必累赘！

第二、非我“未穷教理”。教理无穷，今只知其少分，若论穷字，等觉犹愧。印师以穷教理非人，未知自己穷否？请道一句。

“小乘见修九十八惑，本不立有俱生身见也，身见唯是见苦所断，何容说有俱生？”身见，乃根本烦恼中之一烦恼也。烦恼有俱生、分别两层。印师不容俱生身见，请问身见是不是烦恼耶？请道一句。

“七识心王，即八识心所。”余非所要，故未言耳。印师从此谓我未穷教理，余当复问印师，汝之评破文中，是不是章章节节，穷尽教理否？请道一句。

第三、非我“成见太深”。余之成见，成于佛说一切唯心，心外无法，凡遇心外有法者，竭力破之，以成我心外无法之道。如是成见，甚深无量，任何人不能破坏一丝一毫。何故如此？世间有一法见未亡，我心缺一分未圆故。诸佛出世，为破众生一切法见，入佛正见，若不学佛，非佛弟子故。护法于唯识门中，立一切有论（依圆有），流毒佛门，反破正教，是余有读唯识新旧二译不同论后的一点意见出。此文虽有万言之多，总是抱定心外无法，法法是心的宗旨，不容心外生一点教节。凡有一法存在，不但自心不能圆满，必招他人斧凿故。试看吾佛亦有时说一切有，绝不以有为宗，暂假有以破空故。又有时说一切法空，绝不以空为宗，暂假空以破有故。终则一字不留，故任谁铜嘴铁舌，不能破坏佛法。佛法能破坏一切法，一切法所以可破者，从其是有也；佛法所以不可破者，以其不存一法也。若曰护法，说一切法有，同佛说一切有，假有以破空，亦不当破者。须知佛说一切有，又说一切空，是不以有为有也。护法说依圆有，终不许说依圆空，是死于有也。护法说遍计无，终不许说遍计有，是死于空也。如是不但有有可破，亦有空可破。旧译唯识，先有后空，不落空有，于佛说无异，故余立之。虽立而无所立，即佛法故。印师之欲评破我法者，当先于余说中寻出有法来，然后再施评破；若余说中无有法者，印师之评破，将谁安寄乎？若不顾佛法大义，望文生解，三藏十二部一切经论，无一不可破坏。我不知印师以佛法大义破我耶？以望文生解漫加评破耶？总非已竟，别斥再来：

第一、斥非在“五性一性”。性姓分清，不可含糊。论性决定是一，佛说有情无情同一佛性故。论种姓我许有五，但终必成佛。我如此说，不违佛教。阐提无姓，阐提有姓，皆佛说故。新译法相，但说阐提无姓，不说阐提有姓，偏见之过，如何得免？破者云：旧译不说阐提究竟不成佛，亦为缺点，此如众生与佛争高低，佛说众生无菩提果为缺点，众生说佛无生死果为缺点，无耻之言也。

第二、斥非在“依他有空”。余不但说依他是有，亦不但说依他是空，说空则三性皆空，说有则三性皆有。我如是说，不违佛说。吾佛有时说三自性，有时说三无性故。新译法相言，依圆许有，而不许无；偏计许无，而不许有。偏计无而不有，云何相应佛说三自性耶？依圆有而不无，如何相应佛说三无性耶？佛违法相欤？法相违佛欤？请置葛藤，直答一句来。

旧译但说圆成有者，圆成之名，对前二而起，前二若无，圆成亦无。圆成之名虽无，圆成之体不无，故可说无，亦可说有也。余曾问云：依他有，圆成亦有，云何而名唯识？印师若云：依他是识相，圆成是识性，如日轮日光，虽有不同，离日之外无别轮光。名之唯日，何所相违？以日比心，古今共有，以日光比依他起法，世所罕闻。若有依他起心，必有依他起境，心境对待，何得不违唯识？犹如日光照山河大地，光与山河，朗朗在前，而曰唯日，试问当与否也？若曰山河虽在日光之下，而我不取，但取轮光，名曰唯日者，如是则世间万物皆可称唯，何独称识曰唯我哉？

第三、斥非在“三性三无性”。余曰：佛说三自性者，随顺世间法而说也；说三无性者，依诸法本性而说也。《三十颂》云：即依此三性，立彼三无性，故佛密意说，一切法无性。我意三性有则全有，无则全无，不得谓依圆有，偏计无也。印师斥曰：若以三无性为依诸法本性而说，即不当引“一切法无性”之文；既知一切法无性，犹谓是依诸法本性而说，无乃太自相矛盾矣！你且漫笑人，先将自己眼睛睁开看清。你将谓性与本性，漫无分别乎？本性者，成三自性之根本也。依现前说，法法皆有，故说三自性；依根本说，法法皆是假名，故曰三无性。余如是说，矛盾何在？文义不解，妄自斥人，罪过何了？如汝所引《深密经》云：相生胜义无自性。对你所许依他起自性是有，能无矛盾乎耶？

《三十颂》是法相根据地，始从一识性变起八识，再变则成七识，三变则成六识，三变则成众生界全矣！此为生起法，佛依此生起诸法。而说三自性，即说一切法有也，又所谓“由假说我法”也。三能变后，略明所变的道理，即说修行法：“乃至未起识，求住唯识性”，此时六识初还灭也；“现前立少物，谓是住唯识”，此时六识尽，七识初还灭也；“尔时于所缘，智都无所得”，此时七识尽，八识随转，还成唯识性也，是为还灭法。佛依此说三无性，即说一切法空也。住此唯识性时，十方虚空，悉皆消殒，识外更无一法，此识无名无相，不得已而曰唯识。此颂文虽简，而义括三藏。吾佛一代时教不外生起、还灭二法故。护法只说生起，不说还灭，说生而又说不全（偏计无）。不许遍计有者，违佛而又欺世。世间远近高低、大小方圆、青黄赤白等法，确确是有，而偏说是无，能无欺世者乎！说依他有而不无者，是住于生起半途，而即以此为究竟，弃佛说还灭法于不顾，是何意耶？若曰：我相宗，只说半途佛法，不说整个佛法，如是则应挂“假相”的招牌，不应挂唯识的招牌。今既挂唯识的招牌，而说假相的法门，悬羊卖狗，何所为耶？

又《三十颂》中初能变，即变起圆成实性也。二能变，即变起依他起性也。三能变，即变起偏计执性也。若云偏计无者，应云二能变，云何有三能变耶？若有三能变，云何无偏计执耶？无偏计执，即无六识心。说六识心有，又说无偏计执性，犹似在沙门面前，说不见比丘。如是昏迷颠倒，自己投入人家糊涂套去而不知，而又欲强牵他人共入，是何故耶？盖是说药之人，真药现前，认不得，故有此怪现相耳！

依圆有，偏计无，这二句是法相宗之宗旨，即铲除佛法的利器，何以故？依第一句，则能铲除佛法的还灭法，有而不无故。依第二句，则能铲除佛法的生起法，无而不有故。两句联成一气，则生起不成生起，还灭不成还灭，佛法绝矣！余谓印度大乘法断灭，即断于法相宗，非过言也。

第四、斥非即在真如问题。余言《百法论》中之真如无为，乃假真如之名，显无为之法，非立真如法也。印师谓真如无为，即真如法，又说六无为法，体皆真如；又说真如是“四所显性”。总之，真如与心色诸法非一体，心色诸法外，另有真如也。《楞严经》云：真如清净圆满，体性坚凝，如金刚王常住不坏。《起信论》云：心真如者，即是一法界大总相法门体。《三十颂》云：此诸法胜义，亦即是真如，常如其性故，即唯识实性。马鸣说真如是法界之体，姑且不论；世亲是法相宗之祖也，说诸法胜义是真如，亦即唯识实性。如何犹不生信而欲狡辩？我实无法可治，空唤奈何而已！

若依旧译，立有九识即是真如者，《百法论》中应有一百一法。九识即佛识，亦即八识转成之大圆镜智，其体即真如，真如之外，更无有法，故成唯识，不同新译真如在识性之外，有违唯识也。当知真如随缘成一切法，一切法全体是真如，众生见一切法，则不见真如；诸佛证真如，则空一切法，真如与诸法不并立，故无百一法也。为一切法体，故名真也；不异于一切法，故名如也。如汝所说，则真如真而不真，如而不如，成糟糕矣！

第五、斥非在“一能变与三能变”。旧译说一识性为能变，其余诸识，皆为所变；正合佛说识相圆明，能生诸缘，缘所遗者也。能变者，即能生也，亦即种子义也，《三十颂》云：八识是种子识，余皆不名种识。《成唯识论》拣前七识皆非种子，唯八识是种子。《三十颂》云：由一切种识，如是如是变，以展转力故，彼彼分别生。此明由种识生诸识也。又云：依止根本识，五识随缘现，或俱或不俱，如波涛依水。此亦颂识性为生，诸识为所生也。

新译望文生解，不顾全局大义，谓八识七识六识皆为能生，非从识性生也。如此解释，不特不合前后文义，而又种种违背法理，何以故？若三种识皆为能变，非所变者，则三种识皆有实体，自若无体，绝无生义故。既有三体，何名唯识，既非所生，即是本有；既是本有，云何转变？若不转变，云何离二取？住唯识性佛，不许众生有二心体，今说有三心体，非大违教理乎？余因有如是种种问题，故将三种能变之能字，归于识性，是我不顾文义，只顾教义也。评者只顾文义，不顾教义，乃斥我不通文义，却不思古人说，依文解义，三世佛冤；又不思佛说，依教不依语。本来解义，胜于解文，今评者反以解文嗤解义者，可谓魔强而法弱矣！可悲也哉！

诸识皆是能变，与种子能变，义无矛盾，何以故？识体皆从自种生故，种是赖耶相分摄故，此不打而自招也。诸识从自种生，非所生而何耶？若以种生之识为能生者，能生之种更名何耶？若另有别名，请语我来。

种子是赖耶相分摄，此语更离奇。相能生心，即无情生有情，岂有此理乎！生识之种，自然是识性矣，何得说为赖耶相分耶？若是相分，云何世人所不见也，既无形相可见，以何而名相分耶？

余言凡从他生者，绝无能生性者；凡有能生性者，绝不从他生。破者曰：染衣比丘，言同外道，不平等因，正是此执。若如所说，梵天能生一切，不从他生，是正是邪，乃至父母生子，父母应非人类所生，亦非一切所生。外道计梵天能生一切，不从他生。试问梵天真能生一切否？真不从他生否？我料释子绝不能答，我梵天真能生一切，真不从他生罢！外道于不能生而计能生，于从他生者计不从他生，已堕外道窠臼中，而表面又欲避免此过，强说一切皆能生，皆从他生，为平等因，实不知雪上加霜，外道中之外道也。何以故？佛法正义，本无生义，说自性能生，是生而不生，于自性外计一能生者，即名外道。如今计一切皆有能生性，岂非外道中之外道乎！汝言父母能生子，父母果有能生性，云何要子偏不得子耶？或有不要子而偏生子耶？可想父母非能生性，别有能生性在也，父母只可缘助能生性而生而已。谓父母能生子，是凡愚之见，非唯识家所应有也。须知世间因果上，谈不到平等，因灭果生，即不平故；因果不同，即不等故。唯有一切法从自性生，生即不生。不生不灭，是为究竟平等，舍此皆不得平等也。余说一切法的能生性，不从他生，从因缘生之外相，无能生性，正合佛法自性本不生，缘生无性义。印师谓我言同外道，我不知你云外道，是指何外道而言耶？请明示来。

若诸识皆是能变者，不知谁为所变耶？若但以三界万法为所变者，云何合乎颂文“由假说我法”耶？破者云：自心所现影像相分，是其所变，愚夫不了依他离言，随于情熟，说有我法。圣者知是依他起性，虽有而非实我实法，依体施设，立我法名。以何因缘谓为不合？破者不解我义，亦复不了文义，何以故？我意谓论文之我，心法也；论文之法，色法也。心色二法，皆由识性变起，非但色法从识性变起。故论曰：由假说我法，有种种相转，彼依识所变。若云心法不从识性生，非违论文而何耶？破者亦云：依体施设，立我法名。我从体施，非所生而何耶？只顾黄雀在前，不顾深坑在后，自招堕落，亦何苦耶！

第六、斥非在“显识与分别识”。余谓显与分别皆依识之功能而名也。《起信论》云：有五意，第三名现识，所谓能现一切境界，犹如明镜，现于色像。故余说显识是七识，故现其境相也。《起信》又云：意识名分别事识。故余谓分别识，是六识也。破者谓显识与分别识，其真谛意，正指八识及前七识，何以知之？阿赖耶能变现一切境界，故曰显识。如是迷离盲引，直是自不能立，犹欲绊倒他人。复谤余不依古说，好创别解，呜呼！初心学者，胆大心粗如是，诚可叹而亦可惜焉！当知显识者，既有能显之心，必有所显之境，心境对峙，绝非赖耶！何以故？八识心境融会，不一不异故。由有七识，始有我心，以有我故，乃有我所。因此种种对待法生，成众生界，可知八识上无我，亦无我所。对法未成，云何显现耶？赖耶翻含藏，即一切法未显现义也，显识与藏识体相反，云何得是一识耶？

第七、斥非在“唯识四分”。余不许护法四分，其重要在以心缘心，心心对照，乃成二心。佛不许心外有法，况云心外有心乎！一心不成缘，如刀不自割，故四分不成。凡大士立言，必依佛经，余问证自证分之来由，彼则无所答。离经一字，即同魔说之过，如何得免？余言心既可缘，必有形状可表示，若不可表示，何名为缘？无缘而妄立缘名，非特不了心义，亦复不了缘义，徒知缘名而已矣。

破者言：“显识与分别识，现前能否指出？若不能指，奈何护法所立证自证分，欲其现前指出耶？”破者直是墨者黑也，你恁样知道显识与分别识不能指出耶？我知你意思，佛法是口里说说的，无有实在，咄！大法师！错矣了！护法闭着眼睛，妄立假名，不可指示，诸佛依法立名，不如是耶？不信，且看我指出二识来与你看。六根显现六尘，如镜照像，离诸分别，是即显识也。于六根所现像上，分别大小方圆，青黄赤白等，即分别识也。凡佛所说之法，不论方便究竟，皆可表示，乃至佛心佛境，诸经论中亦指示明明白白。细心研之，必有亲见之时，古今多有人见之，非赚汝耶！诸佛出世特为指示众生的心法，不可误谓心法不可指示耶！

《密严经》云：众生心二性，内外一切分，所取能取缠，见种种差别。破者引此以为四分证明，又是不解经义，本欲成己，反来成人。何以故？众生心二性，非外见分，内自证分乎？内外一切分，非缘境已尽，不容有第三证自证心乎？余言心不自缘。破者比喻云：识虽一体，功能有别，犹如两手同依一体，岂得一体手不自握，或不触身。若如此喻，更生妄谬。何以故？以手触身，喻一体二心能缘者，若二手抱头，亦可云三心并缘乎？如是护法四分亦未成就，当有第五分。再则以手触身，能所不分，《楞严经》早已辨明，汝取此喻，我当问汝，为复以手喻证自证欤？以身喻证自证欤？若以手为能缘，身应无知，是所缘故；若手身同为能缘，同为所缘，是则能所平等，理应二心，同名自证，云何而有自证与自证之分耶？

见分能缘不能证，无证故；自证能证不能缘，无用故。破者云：心与心所，尚不能知，敢尔为文！余意心王是体，喻如火；心所是用，喻如火光，能远照诸物，如见分能缘也。火必有所著处，如自证能证也。火无光不能照物，喻自证无用，即不能缘也。光无火不能著物，喻见分无体，即不能证也。若曰见分能缘，自证亦能缘者，何异说火光能照物，火体亦能照物，一火同时有两照用，岂免重复之过乎？是以余说火能照，不应再说光能照；若说光能照，又不应再说火能照；一火无二照故，是故余说一心无二缘也。护法谓见分能缘，自证亦能缘，更加证自证又能缘。犹如说火光能照，火体能照，着火之物亦能照，达者岂有如此之说哉？火为人所共知，故无敢立此说者，心为人所不见，而欲求其见者，乃多猜计如此。破者谓余不了心与心所，请置我义，另示心王心所来。

破者言：心王不能缘，直如梦呓，本无可辨之价值也。破者心中无不缘的心，闻我说自证心不缘，以为怪异，何乃少见而多怪耶！试问教中说见道与证果为别不别耶？若云不别，何以诸佛证果不名见果耶？我再问汝见道之心能证道否？证果之心还见道否？若曰见道证果时间不同，何曾有二心者？如是法相亦无须八王五十一心所，如触意想思，动辄变名，遑云见道证果？时处远异，心无分别耶？又不但佛道中有证心缘心之别，众生现前亦各各有证心缘心之不同。何以见得？如眼识处于眼根，而不见眼根，非能证不能缘而何耶？眼识缘外尘，能见而不能到，非能缘不能证而何耶？若护法云见分心能缘不能知，必另有自证心为彼证知，既曰无知，云何能缘耶？直使妄谈佛法，罪恶极矣！

唯识说识，约依他起，是有为法。《楞严经》中，心约真如，是圆成实，两不相蒙，讵可名同浑而为一？七处征心，心不可得，虚空分别，非彼心故。十番辨见，见不能及，惟证所知，绝戏论故，此系印顺的新唯识。唯识说识，约三自性，非但约依他一性故。《成唯识论》云：心心所，四分合成，不论真心妄心，皆四分合成。非但指一种心四分合成，诸余心不四分合成故。破者云：虚妄心不摄四分，绝戏论真心亦不摄四分，已可算承认无四分合成之心矣。真妄之心外，更无心故。破者说：辨见之心，非依他起心，佛说众生之见性，非真月，亦非月影，如捏月所成之第二月，此第二月，正是依真心所起之见分心也。破者谓此依他起之见分妄心，是绝戏论心，惟证所知，斥人未穷教理者，自谈教理如是，面皮厚多少。

印顺师这一篇文，余若从头至尾一一按文驳斥，须十万言亦驳斥不尽。我今已将十一分的礼，璧回十分了，以下第八一分，暂且收下，留一点人情，下回再遇罢。

古云：是非不辨为解脱。言虽如是，未可一概而论之。是非有宜不辨者，有不可不辨者。余于破者之文，即不可不辨之是非。何以故？破者坚执依圆有，意谓有性有相，不同旧译。但说圆成有，只有其性，而无其相，谓之说法不圆，世间无无相之体故。其不知旧译说有性有相，尤胜于新译，有时说三自性，故说圆成实自性，是有体性也；说依他起自性，是有总相也；说偏计执自性，是有差别相也；新译无遍计执，即无世间差别相也。差别相者，无情如山河大地等，有情如胎卵湿化等。在新译说无情，只说无情，不分山河大地；说有情只说有情，不分胎卵湿化，岂有是理乎？新译缺点犹不在此。旧译说，修小乘法成，遍计执性无；修大乘法成，依他起性无。以前二性无故，圆成亦无。圆成名无体不无，为欲表示体不无故，不得已说圆成有。说三自性，世间法也；说三无性，佛法也。新译不说三无性，完全蔑视佛法，说依圆有，遍计无，是说世间法不全。如此不通之妄说，托名于佛教，焉能不破乎？新译又说识性外有真如，真如无实体，依二空而显，故执唯识是有宗，又名相宗；真如是空宗，又名性宗。因此凡遇谈真如理者，谓之性宗，与唯识不相关，此又新译之一大谬点也。素不知识性之外有真如，云何而成唯识哉？又佛说心外有法，是名外道，识外有真如，非外道而何耶？

旧译云：心真如者，是一法界大总相法门体，一切法从真加起，法法皆是真如，真如即识性。天然的唯识观，多么合法！多么安庠！是非邪正，分别于此，以待识者评之。

又承芝峰法师附带开示，我亦不能无言转敬。芝峰法师与余虽同处过几天，还未知道我的性情，余终日之与人，人皆谓余太寡言，至于动笔著文立说，不但求证于圣言，犹恐圣言讹误，不足为证，必再验于事实或心理相应而后乃敢言。是余所发之言，与人批评之处却不多，但他人立于邪径上看余，余亦无可奈何矣！君批余近颇轻易发其于佛学见解之言论，余恐君言不确，但编者有言，守培所说，浅而且粗，这一句余很佩服，余于文章实未用心故。若问余何故不于文章用心也，一则生成钝根，无暇外用也。二则余思文字之作用，记事表理而已。至于华言巧句，徒新斲自己的天然正气，亦令读者玩物而丧志，是余于文不甚用心，惟随其自心中所有而说之，至于成文不成文不计也。君又说我未读新旧二译法相经论，唯于梅撷芸居士两译不同论，望文生义，错谬百出。余与君不同行，不同处，君何以知余未读法相经论耶？若君有天眼遥观，亦只观得近来几年。君未出娘胎时，我之读与不读，君又以何眼光看我耶？哈哈一笑！我今无物转进，只得将原礼奉上。

（1932年《海潮音》第13卷第10期）

# 答守培师《驳评破读唯识新旧二译不同论后的意见》

印顺

关于唯识之新旧二译，守培师曾发表其意见于《潮音》。余以其能感正法业，特为文以评破之。兹读《潮音》十三卷第十号，悉守师不忍己义之被破，而有所申驳，盛气凌人，“请道一句”，余踌躇久之！良以据理直谈，虑遭无谓之斥，置之不答，似乎未免寡情；然来而不往，守培谓为非礼，度理揆情，略为答释。

答不顾史实之驳。印度大乘佛法之自隐而著，系渐次之发展，自般若而瑜伽而真言，言教各有所偏，据理终归平等，如甲；若据守师之说，则大乘之在印度骤升于天，骤堕于渊，如乙。不顾史实义在于此：

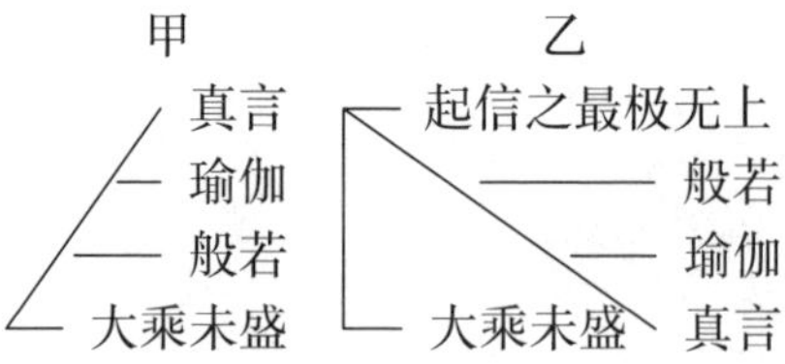

“顶礼圆满觉”一颂，出《释摩诃衍论》，是论之为伪作，论者有人。即果属实，龙树之享年极大，虽造论以释《起信》，焉知不在晚年已造《中论》等之后？论中有六马鸣之说，最迟出世，佛灭度后八百年中。从知释论之作不能早于八百年前，至此时代，龙树始造释论，本论之作，何理证是始造大论？“大乘行世，虽可造论，必不名起信。”岂有此理！大乘行世时，欲为文以引人起信，何独不可名为起信？

答未穷教理之驳。一切有少分之别，穷尽何不可说有少分究竟之异？立破轨则，出敌者不定之过（我不定，汝亦不定，例我不穷，汝亦不穷），无异自认己失！因之，我之穷不穷，无容为汝道；我即未穷，无能成汝，但问汝说是否可耳？

身见是根本烦恼，何理证必是俱生？何理证必断俱生？

七识心王，即八识心所；七识心所，又是何物？问而不答，默认己过，是即未穷！

答成见太深之驳。或罗织以入罪，或曲解以文过，或中赃而申破，设非有“凡旧皆是无新不非”之成见，岂得如此？如此之见，非佛知见，妄欲比拟佛见，东施效颦，令人作呕！

一切一切皆无相，何立何破？一切一切皆幻现，立破宛然。汝说中有法、无法，且置，所以妄说，理宜责斥！

答一性五性之驳。不了评破之意，妄讥无耻，其真无耻耶？余谓总诸经论，阐提有三：一、大悲菩萨；二、断善根者；三、毕竟无性。若说阐提终能成佛，则不说毕竟无性，故是缺点；成如实说成，不成如实说不成，圣教为依，何耻之有？

答依他有空之驳。“护法说依圆有，终不许说空，是死于有也；说遍计空，终不许说有，是死于空也！”此特守师之自死于空有，非护法咎，非新译咎。请读《法苑义林章》卷一之二十页。

三性三无性，《深密》有文。大论七六，全文引述，何所乖违？著余直答，新旧之异，三性在依他之有空，三无性在依他之遮否。既论新旧二译之异，云何舍此本义，别谈俱有（三自性）、俱无（三无性）之说？

真谛是否拨无依他法体？二说传异，请检《唯识料简》。

圆成是体，依他是相，以日轮、日光而为喻，无所不合；非但日可为喻，诸有体相法，无不可为喻。喻者，喻也。但喻其所欲喻。如云：女面端严如月；不得难令月相皆面上现。清辨菩萨《掌珍论》中，有此诚文。但亦为奘师所译，恐未蒙认可耳！

答三性三无性之驳。不敢笑，不敢笑，我眼本清，无劳叮嘱，幸勿闭眼谓人瞎说！我云"若以三无性为依诸法本性而说，即不当引唯识颂'故佛密意说，一切皆无性'"之文，意在"密"字；密乃隐密，言非显了。若三无性依诸法本性而为究竟无余之谈，何以解颂密字；以了义为随顺世俗说，以密意为依诸法本性说？矛盾！矛盾！所引《深密经》文，亦在"若不知佛此密意"之密字，故当依君之言曰："余如是说，何所矛盾。"

新译实未欺世，判青黄等为遍计而责为欺世，是守师欺世，非新译也！

"若云遍计无者，应云二能变，云何有三能变耶？"我当易其语曰："旧译遍计无，应云一能变，云何有三能变耶？"虽然，此戏并耳。我当明告守师，新译无有以三能变判三自性也，旧译亦无有作此判者。

"真药现前认不得"，奈何！奈何！但药之真伪，当于形态气味中辨，宜多读《本草》，多事实验，庶乎不致目睹砒霜谓为芪术！

答真如问题之驳。真如与色心，约非一非异之非异，则曰“无别体故”。约非一非异之非一，则曰“缘起真义别故”。几曾执离心色，另有真如？

《唯识论》云：“真谓真实，显非虚妄；如谓如常，表无变异。”如此释真如，符会经文。《大般若经》真如十二名：一曰不虚妄性；一曰不变异性。是故新译真如不生，名副其实；旧译真如纵有真义，如义不成，以能生故。谁糟谁不糟，毋庸饶舌矣！

答一能变与三能变之驳。惜乎！我知之晚也！若早知守师有离于三藏文（教）义（理），另有“敌义”之存在，绝不敢加以评破；然所谓“不顾文义，只顾敌义”之“教义”，究为何物？与文义相待而说，印顺初学，完全不解；或即“验于事实及心理相应”之代名词，不知是否？

“依义不依语”，知之久矣；“依教不依语”，未之前知，何经何论，有此明文？未敢“请道一句”，疑而已矣！

“我不顾文义，只顾教义也”“犹恐圣言有误，不足为证，必再验于事实，或心理相应（其改义乎），而后乃敢言。”典解论文，东拉西扯，根据在此，读者知之。

识体皆从种子生，种子（因）能变，如是心生，如是相现；诸识（果）能变，心生相现，皆因种，识变无达种浅，此约亲因缘说。种是赖耶相分摄，种变即可云识变，此约增上缘说。只虑守师未能知，勿谓唯识义矛盾。

见分所缘，即相分摄，相于心现故，不仅指形相可见者言。

真如能生，不徒他生，同于计常而能生他，自不从他生之数论三德，大自在天、大梵天、时、方、本际等外道。

我云“依体施设，立我法名”，驳中讥为只顾黄雀在前，不顾深坑在后，但至今日余未见有深坑也。我法者，经云："所有我见，皆依五取蕴起；法者，如《百法论》统摄心、心所等而靡遗。"若我法者，所指如此；而守师为之释云："我意谓论文之我，心法也。论文之法，色法也。"以我法二字作心色解，何经何论，有此前例？开注释家之新纪元，难得！难得！倘曰："我意谓者，教义也，非汝之文义可得并论。"则余当合掌敬白，敬闻命矣！

答显识与分别识之驳。依种子而显现十一识，显识得非第八识乎？分别识多，出体互相开避；故余唯曰："意指前七显识与分别识。"请再读《显识论》。

答唯识四分之驳。证自证分，余曾引有教量、比量；而彼犹云，彼则无所答。意者未引明言证自证分之契经乎？若然者，《起信》之三细六粗，何处契经说有成文，全不能了？大士立言之旨可哂也！

现前指出，我实不了，守师用意，但亦不如汝之所知？窃谓约世俗言，色法相显，现前可指；心法幽微，指实为难。若如守师用意，证自证分何不能指？未证真如，不了幻有，勿以自见测度圣心！——我亦是测度守师未能证真了俗。

承师慈悲，示我显识、分别识之相，来而不往，非礼也。我亦为师，指其矛盾，显识是七识显现其境相也，六根显现六尘，如镜照像，离诸分别，是即显识也。显识究为七识？抑系六根？指鹿为马，信口开河，咄！大宗师错了矣！

岂得一体身不自握，或不触身；以能触、所触，喻能缘、所缘。四分相望，具所能缘，所时非能，能时非所，二心三心之难，如唾虚空。

"另示心王、心所来"，如命，我所知者，人识皆是心王，皆有相应心所。约胜义谛，非一非异；约世俗谛，体各有别。心与心所，各有四分，非如汝说，自相矛盾！请读尊文："自证能证不能缘，见分能缘不能证。""心王能证不能缘，心所能缘不能证。""眼识望眼根，能证不能缘；眼识缘外尘，能缘不能证。""眼为见分发见之心，即能知者为自证分。"

"唯识说识，约依他起；《楞严经》中，心约真如。"此等理论，不是印顺唯识新，只怪守师见得少！《唯识学记》云："一法性心，如《胜鬘经》；二依他心，如《瑜伽》故。"

"真心者，说心空理所显真如，真如是心真实性故。"心之实性，唯识论中四分合成者，守师之唯识论也。

我文唯云"《楞严》说心，心约真如"，未曾谓"见亦真如摄，十番辨见"云云，相从故来显《楞严》，意亦何所失？依他起法，后智所了，体性离言，非妄想分别之所可得，曰证所知，曰绝戏论，面皮之厚也何有？

新译之二大缺点、一大谬点，亦守师之新译，非奘师之新译，不赘。

略答已竟，今以三意致于守师：

一、感谢承以十一分之十（七千言）相驳，留下十一分之一（九万余言）作人情，不胜感激！

二、希望言论公开，不能因人批评，致起瞋恨。我言之是也，希乐而从之；我言之非也，希怜而愍之！

三、预告：设守师不抛弃其离于三藏文义之特别教义，则印顺初学，尚未见到此特别教义，无此资格，与师周旋；倘蒙不弃，再令"道来"，概不置答。

（1933年《海潮音》第14卷第2期）

# 附：民国年间新旧唯识之论争

圣凯

唯识古学与唯识今学在唐初佛教界的碰撞，引起巨大的反响与回应。唐末以后，随着唯识章疏的佚失，新旧唯识的差异便显得混淆不清了。清末民初，唐代的唯识章疏开始流回我国，唯识学开始了一种复兴的机运。[1]而且，通过对唯识学的深入研究，对一些重要问题进行讨论与争辩。[2]1931 年，梅光羲在《海潮音》发表了《相宗新旧两译不同论》，考证世亲学传来中土，先后有

❶ 霍韬晦指出，中国近代唯识宗再兴的机运在于：一、唯识宗在东西文化对垒中的印度文化与东方文化的双重身份，二、唯识宗的学理能够与现代学术相应，三、唯识宗的学理能够独树一帜，四、唯识宗的学理究竟。见《绝对与圆融——佛教思想论集》，台北：东大图书股份有限公司，1994 年，第 28—36 页。

❷ 近代对唯识义理的论争，主要有：1、相宗新旧二译不同之辨，2、法相、唯识为二宗之诤，3、唯识学源流，4、相见同种、别种之辨，5、对真如缘起说的批判。参考陈兵、邓子美《二十世纪中国佛教》，北京：民族出版社，2000 年，第 249—260 页。

菩提流支、真谛、玄奘三系，而且探讨了三系思想之间的差异。[1]而且，太虚在《海潮音》同时发表了《相宗新旧两译不同论书后》[2]。于是，引起当时佛学界的论争，守培写了《读唯识新旧两译不同论后的一点意见》[3]，一一加以辨正，以为地论学派、摄论学派的思想是正确，而玄奘所传的唯识今学则是不对；印顺则为唯识宗作辨，反其道而行之，“旧的都错，新的都对”，二人便有一段文字争辩因缘。[4]

虽然这场新旧唯识之论争，印顺后来“觉得这活像两位近视眼，仰读‘文庙’而互争‘又庙’，纠缠不清一样。我与守老的争辩，空热闹一场，回想起来，当然是多余的确良！”[5]但是确实为

---

❶ 梅光羲：《相宗新旧两译不同论》，《海潮音》第12卷第4期，1931年。收入《唯识学问题研究·唯识学专集之六》，《现代佛教学术丛刊》第28册，台北：大乘文化出版社，1978年。

❷ 太虚：《相宗新旧两译不同论书后》，《海潮音》第12卷第4期，1931年。

❸ 守培：《读唯识新旧两译不同论后的一点意见》，《海潮音》第12卷第9期，1931年。

❹ 守培：《读唯识新旧两译不同论后的一点意见》，《海潮音》第12卷第9期，1931年；印顺《评破守培师之读唯识新旧两译不同论后的一点意见》，《海潮音》第13卷第4期，1932年；守培《驳印顺师评破读唯识新旧两译不同论后的意见》，《海潮音》第13卷第10期，1932年；印顺《答守培师驳评破读唯识新旧两译不同论后的意见》，《海潮音》第14卷第2期，1933年。这些文章都收入《唯识学问题研究·唯识学专集之六》，《现代佛教学术丛刊》第28册。

❺ 印顺：《悼念守培上人》，《华雨香云》，《妙云集》下编之十，台北：正闻出版社，1990年，第352页。

理解新旧唯识之间的同异提供了一次契机。同时，从论争的背后，亦可以看出参与者的不同思想背景与价值本位，为我们更好地探讨近代中国佛教思想史提供了入门之路。

## 一、梅光羲与太虚

梅光羲（1880—1947）早年赴日留学，1907 年至祇园精舍随杨文会研习佛学。他从《起信论》及华严、三论、净土诸经入手，至 1910 年后专研唯识，1920 年出版《相宗纲要》一书。他除了《相宗新旧两译不同论》之外，还撰有《相宗纲要续编》《大乘相宗十胜论》《相宗史传略录》《宗镜法相义节要》《法苑义林章·唯识章句》《因明入正理论节录集注》等著作。

玄奘早年曾参学于摄论学派，所以他对唯识古学与唯识今学的差异是最清楚的。随着玄奘、窥基对摄论学派的批判，于是对二者同异进行辨别归纳的工作，亦逐渐开始。灵润曾经“造一卷章，辨新翻《瑜伽》等与旧经论相违”，共总结出 14 条的不同。[1]1931 年，梅光羲依灵润的观点，撰成《相宗新旧两译不同论》一文，概括为 8 条的不同之处。梅光羲概括摄论师的教义，如下：

> 至彼所传之教义，则于空义立三空，于识义立九识，且谓第八识是无覆无记，是无明妄识；第三空之如来藏自性清净心，则是真如。真如受熏缘起而生一切法，能变之识唯第八识，真如则是佛性，即是九识，一切众生既皆有佛性，故一切众生应悉皆成佛，无有永不成佛者，此即真谛

[1] 《法华秀句》中本，《日本大藏经》第 77 卷，第 98 页上。

之教义也。[1]

梅光羲将真谛所传的思想概括为两大要点：一、三空，二、九识。“三空”是指三性的空义，如《大乘庄严经论》：“三空者，一、无体空，谓分别性，彼相无体故；二、似体空，谓依他性，此相如分别性无体故；三自性空，谓真实性，自体空自体故。”[2]唯识古学的三性思想的特色在于，分别性、依他性同一无性即是真实性，所以三无性同一无性。同时，在唯识古学的思想体系中，真实性、空性、阿摩罗识、如来藏自性清净心，都是同义的，是指智如不二、境识俱泯、真如。其次，对于九识问题，阿摩罗识即是智如不二，真如即是自性住佛性。最后，唯识古学是依“一种七现”，《显识论》将心识分为“显识”与“分别识”，“显识”即是第八识，能够转作五尘四大等[3]，即具有能变的功能，其余诸识则无此功能。但是，梅光羲仍然是依《起信论》的“真如缘起”来理解阿摩罗识，强调真如受熏而生起一切法，这是他对唯识古学的误解之处。

梅光羲列举了旧译与新译的不同为八条：

（1）真谛译《摄论释》引用《法华经》阐明一乘，定性声闻更练根为菩萨，未定根性声闻，令直修佛道涅槃[4]；玄奘译则谓定性声闻永不回入大乘，即由声闻道而般涅槃。[5]

---

[1] 梅光羲：《相宗新旧两译不同论》，《唯识学问题研究·唯识学专集之六》，《现代佛教学术丛刊》第28册，第91页。

[2] 《大乘庄严经论》卷七，《大正藏》第31卷，第625页下。

[3] 《显识论》，《大正藏》第31卷，第878页下。

[4] 真谛译：《摄大乘论》卷十五，《大正藏》第31卷，第266页上。

[5] 玄奘译：《摄大乘论释》卷十：“佛化作声闻乘等，如世尊言：我忆

（2）在三性思想方面，真谛强调分别、依他同一无性，即是真实性[1]，故分别性、依他性皆空，真实性为有；玄奘主张分别性空，依他性、真实性为有。

（3）对于“生无性”，真谛谓依他性由分别性而成，分别性既无，成不由自成，故谓无生[2]；玄奘则谓依他性非自然生，故无生。[3]

（4）“七如如”第三，真谛以真如为阿摩罗识；玄奘谓真如只是清净识所缘之境。[4]

（5）对于“能变识”，真谛谓显识有九种，色心诸法都是本识

往昔无量百返依声闻乘而般涅槃。由此意趣，故说一乘。以声闻乘所化有情，由见此故，得般涅槃。故现此化，究竟故者，唯此一乘最为究竟，过此更无余胜乘故，声闻乘等有余胜乘。所谓佛乘，由此意趣，诸佛世尊宣说一乘。”《大正藏》第31卷，第378页上。

❶《三无性论》卷上：“一切诸法不出三性：一、分别性，二、依他性，三、真实性。分别性者，谓名言所显诸法自性，即似尘识分；依他性者，谓依因依缘显法自性，即乱识分，依因内根缘内尘起故；真实性者，谓法如如，法者即是分别依他两性，如如者即是两性无所有，分别性以无体相故无所有，依他性以无生故无所有，此二无所有，皆无变异，故言如如，故呼此如如为真实性。”《大正藏》第31卷，第867页中、下。

❷《三无性论》卷上：“依他性者，由生无性，说名无性。何以故？此生由缘力成，不由自成，缘力即是分别性。分别性体既无，以无缘力故，生不得立。是故依他性，以无生为性。”《大正藏》第31卷，第867页下。

❸《显扬圣教论》卷十六：“生无性，谓依他起自性由此自性缘力所生，非自然生故。”《大正藏》第31卷，第557页中。

❹《三无性论》卷上：“先以唯一乱识遣于外境，次阿摩罗识遣于乱识，故究竟唯一净识也。”《大正藏》第31卷，第872页上。《显扬圣教论》卷十六：“由胜义谛离一异性故，当知即是清净所缘性。何以故？由缘此境，得心清净故。”《大正藏》第31卷，第559页中。

之所变，而不说诸识都是能变。[1]《成唯识论》主张三能变，诸识都是能变。

（6）《显识论》谓“一切三界但唯有识”，三界有显识、分别识二种识，以第八识为能变，前七识为能缘。[2]但是，《成唯识论》以心、心所皆有四分[3]，心、心所都有能缘的见分与所缘的相分。

（7）旧译以阿陀那识为第七识，新译以阿陀那识为第八识的异名，第七识则名为末那识。

（8）旧译于第八识外立第九识为净识，新译不立九识。

梅光羲所列旧译与新译的八点不同，证据确凿，这是他详细研究真谛译的唯识典籍，如《摄论释》《转识论》《显识论》《三无性论》，与《成唯识论》进行比较的结果。其中，5、6、7、8 是心识思想方面的差异，唯识古学以“一种七现”“无相唯识”，唯识今学则以“诸识现行”“有相唯识”；2、3、4 则是三性思想的差别，唯识古学以分别性以依他性为体，分别性、依他性同一无性即是真实性，以“智如不二”为真实性，“智如不二”“性相融即”为其特色；唯识今学则是三性各别，不遣依他性，真如为真实性，无分别智为依他性，“智如二分”“性相永别”为其特色。1 是佛性、一乘思想的差异，唯识古学主张“皆有佛性”“究竟一乘”，唯识今学强调“一分无性”“密意一乘”。

---

[1] 《显识论》：“显识者，即是本识，此本识转作五尘四大等……显识者有九种：一、身识，二、尘识，三、用识，四、世识，五、器识，六、数识，七、四种言说识，八、自他异识，九、善恶生死识。”《大正藏》第 31 卷，第 878 页下。

[2] 《显识论》，《大正藏》第 31 卷，第 878 页下。

[3] 《成唯识论》卷二，《大正藏》第 31 卷，第 10 页中。

梅氏在列举旧译、新译的不同之后，探究二者不同之根源。他说：

> 世尊于般若会上言三无性，于深密会上言三自性，龙树本三无性以破有，无著本三自性以破空。承龙树学而推之以至其极厥有清辨，说缘生依他无，说圆成实亦空；承无著学而推之以至其极，厥有护法，说缘生依他与圆成皆有，惟遍计无。盖二谛立教，胜义一切空，空不至依圆皆空，空之门不净尽；三性立教，缘生一切有，有不至依圆皆有，有之门不善巧。依他是空，则不许杂乱识，而五种姓不立，惟独一乘；依他是有，则许有杂乱识，而五种姓独立，非独一乘。一切皆空，真如且不立，安有能所说正智为能缘，真如是所缘？一切皆有，体自是体之有，用自是用之有，故必有用之能缘正智，缘其体之所缘真如，凡此皆清辨护法必争之义。不争则不能独存，不异则不能同立，而实水火相显，一多相现，万物并育而不相害，道并行而不悖也。由破有而空，中间既经多级，始成其空；则由破空而有，中间亦必经其多级，始成其有。[1]

梅氏将二者不同的根源追溯到空有之宗的不同，清辨继承龙树的无自性空义，提出依他性与分别性一体，故依他性为染；其次，清辨认为以世俗谛可以说三性有，但在胜义谛则都无，即俗有真无。护法继承无著的思想，分别性为染，而依他性则无所谓染与不染；其次，护法认为分别性为无，依他性、真实性为有，即

---

[1] 梅光羲：《相宗新旧两译不同论》，《唯识学问题研究·唯识学专集之六》，《现代佛教学术丛刊》第 28 册，第 94 页。

世俗谛为无，胜义谛为有。从三性的不同思想出发，清辨主张依他性是空，所以必须灭阿黎耶识，主张一切众生皆有佛性，无分别智与真如离能、所，为智如不二；护法主张依他性是有，所以不灭阿黎耶识，主张"一分有性"与定性声闻，则是密意一乘，而且无分别智为能缘、依他性，真如为所缘、真实性，即"智如二分"。所以，这是清辨、护法的争论所在。但是，梅氏认为，正是通过论争，二者并行不悖，佛法的义理才能得以发展。[1]我们可以看出，清辨的思想与唯识古学非常相似。吕澂先生指出，清辨的思想来源于《辩中边论》，虽然他表面上与瑜伽行派对立，但是骨子里还是与《辩中边论》有关。[2]

梅氏进一步指出，在《成唯识论》的十大论师中，安慧是"从空而之有"，但是他的思想与空宗不同，虽然主张不立阿黎耶识，但是强调唯识无境。但是，安慧与护法的不同在于，不许依他性为有；与清辨的相同之处在于，五姓、三性、真如等皆同。所以，梅氏称安慧、真谛的唯识学为"过渡唯识学"[3]，与我们所谓"中间路线"有异曲同工之妙。但是，我们所要强调的是安慧与真谛的

---

❶ 清辨对瑜伽行派三性思想的批判，见曹志成《清辨对瑜伽行派的三性思想之批判的探讨——试以<般若灯论>第二十五章有关唯识学的附录部分为解释线索》，《东方宗教研究》第3期，1993年；同氏《清辨<中观心论>及其<思择炎>对瑜伽行派三性思想之批判》，《东方宗教研究》第5期，1996年。

❷ 吕澂：《印度佛学源流略讲》，《吕澂佛学论著选集》卷四，济南：齐鲁书社，1991年，第2249页。

❸ 梅光羲：《相宗新旧两译不同论》，《唯识学问题研究·唯识学专集之六》，《现代佛教学术丛刊》第28册，第95页。

同异，二者在“虚妄唯识”层面确实有许多相同之处；但是，真谛有意会通瑜伽行派与如来藏系，所以，真谛的“中间路线”还表现在瑜伽行派与如来藏系之间的取舍关系。

梅氏对护法的唯识学评价极高，认为这是经过安慧、难陀的一一破立，最后经过多级的“加密”，所以唯识学至护法而“确然可立”“纯粹以精”，护法是唯识学发展的最高阶段。反过来说，真谛的唯识古学，是处于创始的粗糙阶段，未能穷尽唯识学的学级，所以“学不至护法”。

所以，梅氏对旧译、新译的不同，归纳为不同的发展阶段，这是非常可取的；而且，强调“非真谛之故异护法，亦非其别有一途”，仍然将真谛的唯识古学摄入瑜伽行派的体系，而不像有些学者将真谛归入真心派，这亦是非常正确的。但是，梅氏存在着“厚今而薄古”的心态，以唯识古学为粗，以今学为精，这是一种极端，亦是对唯识古学的误解。我们强调，唯识思想在经验内省与心理分析的诠释方式下，唯识今学的发展则是必然的。所以，无论是厚古而薄今，还是厚今而薄古，都是对唯识思想的错误理解，亦是对二者的伤害。

但是，我们必须看到梅氏《相宗新旧两译不同论》是他 20 年来致力于唯识研究的成果，理明辞晰，证据确凿，观点新颖，在当时受到佛教学者的普遍重视。而且，即使到今天，对我们理解与研究新旧两译的不同仍然有指导的意义。至于，其论中涉及到的错误，在以后的论争中亦不断得到其他学者的修正。

太虚读到梅氏《相宗新旧两译不同论》后，便在同期的《海潮音》发表了《相宗新旧两译不同论书后》，太虚除了叙述了与梅氏的因缘之外，而且提出两点的商榷意见。一、世亲的年代，梅氏提到“菩提流支或是世亲同时之人”，太虚认为一种新兴学说的至广流布，必须经过五十年、百年方可。所以，世亲较早罗什，陈那较早真谛；而且，世亲应早菩提流支百年，早真谛百余年，早玄奘三百年。[1]

关于世亲的生卒年代，异说纷纭，有公元 420—500 年、390—470 年、320—400、320—380 年等不同说法。[2]菩提流支既然曾经译世亲的《十地经论》，于永平初年（508）来华，令住永宁寺，该寺于熙平元年（516）为灵太氏胡氏所建，道宣援用李廓《众经录》说：“三藏流支自洛至邺，爰至天平二十余年，凡所出经三十九部、一百二十七卷。”[3]在天平年间（535—537），菩提流支仍然在邺都译经。真谛的生卒年代是 499—569 年，玄奘的生卒年代虽然有些争议，但是大约 600—664 年。可见，太虚的考证，有一定的准确度。

二、传学之泛正。太虚认为，世亲的学问非常广博，所以继承与传播世亲的学者，则所传不妨有差别。菩提流支所传译为“泛世亲学”，所涉甚广，非专弘唯识。太虚对真谛所传的唯识古学采取否定的态度：

至于真谛则传译《摄大乘》《世亲释》及《转识》《显

❶ 太虚：《相宗新旧两译不同论书后》，《唯识学问题研究·唯识学专集之六》，《现代佛教学术丛刊》第 28 册，第 98—99 页。

❷ 详细考察参考 Thomas A. Kochumuttom, *A Buddhist Doctrine of Experience: A New Translation and Interpretation of the Works of Vasubandhu the Yogqcqrin*, Motilal Banarsidass Publishers Private Limtted, Delhi, 1999, p.xi-xii. Ashok Kumar Chatterjee, *The Yogqcqrq Idealism*, Motilal Banarsidass Publishers Private Limtted, Delhi, 1999, p.36.

❸ 《续高僧传》卷一，《大正藏》第 50 卷，第 428 页下。

识》《大乘唯识》诸论，似传译专宗唯识之正世亲学者，然细观其误阿陀那为第七末那一事，可见其学无根柢每多随意揣测为说。则其以阿摩罗（即菴摩罗）为第九识即真如，及第八阿黎耶为真妄和合识等，可知其亦由对于世亲学误解意揣而致此。[1]

太虚认为真谛所传的唯识古学是“无根柢”的学问，而且是对世亲学的误解、意揣。如误阿陀那识为第七末那识。所以，他认为真正的世亲学应该以新译为准，他同意梅光羲的观点，即“唯识学至护法乃确然可立纯粹以精是也”。

但是，我们在《相宗新旧两译不同论书后》一文中，发现太虚“不顾史实”之处颇多，如不加考证，推测“扇多即禅宗初祖菩提达磨，而慧光即二祖慧可神光”；他对唯识古学的否定，甚至认为“不应以旧译之异于新译者”，可见他对旧译的成见。而且，太虚特别提出旧译以阿陀那识为第七末那识，太虚曾著《阿陀那识论》，专门阐发阿陀那识的意义。太虚强调，以阿陀那识名第八识，“最为允当”；而且，他指出：“唯识宗之特胜点，即在第八识，明此阿陀那识，即自明一切法唯识。”[2]可见，太虚以第八识为唯识宗的命根子。唯识古学以阿陀那识为第七末那识，保持“七、八二识未分”的传统；而且，太虚忠于玄奘所传的唯识今学，故对唯识古学持否定态度。

---

❶ 太虚：《相宗新旧两译不同论书后》，《唯识学问题研究·唯识学专集之六》，《现代佛教学术丛刊》第28册，第100页。

❷ 《阿陀那识论》，《太虚大师全书》第18册，第1241、1248页。

## 二、守培与印顺

近代佛教对于旧译、新译唯识的真正意义的论争，在守培与印顺之间展开。守培（1884—1955）家境贫困，父母早逝，幼年读过数年私塾，学问并没有根底。出家后习唱诵，住禅堂，未读过佛学院。但天赋绝高，加以刻苦力学，勤于自修，使他在佛法义理的解悟上有相当的成就。当时，社会上把印光、兴慈、守培合称为三大师，可见其道誉之隆。[1]守培精通《金刚》《维摩》《楞严》《起信》等大乘经论，当时支那内学院偏弘唯识，评斥《楞严》《起信》，守培于是取《地论》《摄论》等法相旧义对决，甚至"语侵世亲"。[2]守培的佛学思想源于《楞严经》与《起信论》，以"真常唯心"为主，有其自己的特殊见解。

印顺（1906—2005），当代的佛学泰斗，不预设任何成见，不囿于宗派立场，同情与支持真谛所传的唯识古学，认为真谛开创了一条不同于《起信论》，而能融合真常与瑜伽二派的"中间路线"。[3]但是，早年的印顺在与守培的论争中，则持反对旧译的立

---

❶ 于凌波：《中国近现代佛教人物志》，北京：宗教文化出版社，1995年，第105页。

❷ 印顺：《〈守培全集〉序》，《华雨集》第5册，台北：正闻出版社，1993年，193页。

❸ 具体论述参考陈一标《印顺导师对新旧译唯识的定位与评析》，《印顺导师九秩晋五寿庆论文集》，台北：正闻出版社，2000年。

场[1]；晚年的印顺在《起信论与扶南大乘》一文中，则舍弃了“中间路线”，以《摄论》的“解性黎耶”则是《起信论》的“本觉”。[2]可见，印顺的一生对旧译的态度变化。

守培的基本观点是“旧译无一非处，新译无一是处”[3]，而印顺的基本观点则反之，即“旧的都错，新的都对”[4]。守培是以《起信论》为参照系，比照与解释旧译、新译的思想。所以，他说：

> 马鸣始作《大乘论》，惟依佛法，不参己见，是为纯清洁白之大乘法。至无著、天亲等，则稍带彩色矣。由护法后，则玄色满面，大乘真相完全不见矣。[5]

守培以《起信论》为最高佛法，纯清洁白的大乘法；而无著、世亲的唯识思想则稍带彩色；护法则更次之，完全掩盖了大乘佛法的真相。

守培对梅光羲提出的旧译、新译的八点不同于灵润的十四点不同，引经据典，一一进行详细论证。综合守培的论证特点，有如下几个方面：

---

❶ 印顺在《华雨集》“序”中说：“《华雨集》所没有编集的，就是我所不要保留的，无论说得对与不对，都不再是我的了，如旧物而已被丢弃了一样。”《华雨集》第1册，第2页。因此，可以认为，印顺对其早年反对旧译的立场，自己是不认同的。

❷ 印顺：《起信论与扶南大乘》，《中华佛学学报》第8期，1995年。

❸ 守培：《读唯识新旧两译不同论后的一点意见》，《唯识学问题研究·唯识学专集之六》，《现代佛教学术丛刊》第28册，第121页。

❹ 印顺：《悼念守培上人》，《华雨香云》，《妙云集》下编之十，第352页。

❺ 守培：《读唯识新旧两译不同论后的一点意见》，《唯识学问题研究·唯识学专集之六》，《现代佛教学术丛刊》第28册，第101页。

一、守培依《起信论》《楞严经》《楞伽经》等，解释旧译的思想，而且加以自己的理解。他以《起信论》的“分别事识”与“意”解释《显识论》的“分别识”与“显识”，于是他认为“显识”是第七识，显现其境相；“分别识”是第六识，分别境相。他完全不顾《显识论》所说“显识者，即是本识”[1]，他强调“本识”即是《起信论》所说不生灭的“心真如门”：

> 问曰：云何不言八识耶？答：八识是和合性，有名无实，无所作为故不言也。如《起信论》云：不生灭与生灭和合，非一非异，名阿赖耶识。不生灭即本识，生灭即前七识。七识生，真妄和合，名阿赖耶生，实则生无所生；七识转，圆成本识，名阿赖耶灭，实则灭无所灭。以三界有二种识，熏习不断故。[2]

守培依《起信论》所说的真如理体（不生不灭）与妄念心识（生灭）和合，名为阿黎耶识。“本识”是不生灭的真如理体，“显识”“分别识”为前七识，完全割裂了《显识论》的观点。这样，当前七识生起，即妄念心识现前，便真妄和合，成为阿黎耶识；而转识成智时，则灭去阿黎耶识，成为真如（即阿摩罗识）。

对于阿陀那识为第七识，守培引用《楞伽经》“藏识海常住，境界风所动，种种诸识浪，腾跃而转生”[3]，这是以大海比喻八识，以

---

❶ 《显识论》，《大正藏》第31卷，第878页下。

❷ 守培：《读唯识新旧两译不同论后的一点意见》，《唯识学问题研究·唯识学专集之六》，《现代佛教学术丛刊》第28册，第110页。

❸ 《楞伽阿跋多罗宝经》卷一，《大正藏》第16卷，第484页中。

波浪比喻为七识；《楞严经》说“陀那微细识，习气成暴流”[1]，阿陀那识既然是习气，当然不是含藏识——第八识，而且用暴流作比喻，而非大海。所以，正好能够证明阿陀那识为第七识。

对新译唯识的“四分”，自证分缘见分，自证分缘证自证分及证自证分缘自证分，守培认为都是“以心缘心”。所以他引用《楞严经》的“七处征心”，心不可得；“十番辨见”，见不能及，以此证明“以心缘心”是错误的。[2]

而且，守培以《起信论》等同于旧译，他说：“旧译云：心真如者，是一法界大总相法门体”[3]，这其实是《起信论》所说“真如缘起。”[4]真如心是一切现象得以产生的根本，亦是一切现象的共相。所以，守培以“真如缘起”为“天然的唯识观”，一切法从真如起，法法皆是真如，真如即识性。[5]

可以看出，守培虽依《起信论》《楞严经》解释旧译的思想，但是确实如印顺所说“并不附和一般《楞严》《起信》的注疏”，他对佛法，有一整套看法。[6]因此，有些牵强附会之处，亦是其独特看法的表现。

---

[1] 《首楞严经》卷五，《大正藏》第19卷，第124页下。

[2] 守培《读唯识新旧两译不同论后的一点意见》，《唯识学问题研究·唯识学专集之六》，《现代佛教学术丛刊》第28册，第113页。

[3] 守培：《驳印顺师评破读唯识新旧两译不同论后的意见》，《唯识学问题研究·唯识学专集之六》，《现代佛教学术丛刊》第28册，第165页。

[4] 《大乘起信论》，《大正藏》第32卷，第576页上。

[5] 守培：《驳印顺师评破读唯识新旧两译不同论后的意见》，《唯识学问题研究·唯识学专集之六》，《现代佛教学术丛刊》第28册，第165页。

[6] 印顺：《悼念守培上人》，《华雨香云》，《妙云集》下编之十，第352页。

二、守培对新译唯识成见太深，“凡新译不同旧译者，皆无是处”，“印度大乘佛法至护法时间，满面玄黄，不见本来面目”[1]。如对新译的“五种性”，认为有情有五种不同，有高有下，不平不等，有成佛有不成佛，违佛言，亦违至理。从思想史的角度，一般认为无著建立三性以破空执。但是，守培引用《唯识三十颂》“此诸法胜义，亦即是真如，常如其性故，即唯识实性”[2]，证明无著亦是以三无性为本；而且，世亲亦是于唯识性上刷洗得干干净净，不但所缘之境不容有，即能缘之智亦不容有，直得能所俱尽，二边全空，始许唯识义成。这样的话，由护法误谬唯识真空而谓之有，自立有宗，反对清辨，推尊世亲，这是“假世亲之名，破世亲之法”。[3]因此，守培强调依他性是空，而以新译谓依他性有为无根据的妄见。而且，更有甚者，守培认为，护法“说依圆是有，则违佛说三无性故；说遍计是无，则违佛说三自性有”[4]，二边俱违。

守培以护法违背世亲的本意，批判护法唯识思想的错误；而且，所谓世亲的本意亦只是他自己的“我意”理解。《唯识三十颂》说“彼依识所变，此能变为三，谓异熟思量，及了别境识”[5]，守培解释“彼依识所变”的“识”为本识，因为真谛主张能变唯有

---

[1] 守培：《读唯识新旧两译不同论后的一点意见》，《唯识学问题研究·唯识学专集之六》，《现代佛教学术丛刊》第28册，第121页。

[2] 《唯识三十论颂》，《大正藏》第31卷，第61页上。

[3] 守培：《读唯识新旧两译不同论后的一点意见》，《唯识学问题研究·唯识学专集之六》，《现代佛教学术丛刊》第28册，第105—106页。

[4] 守培：《读唯识新旧两译不同论后的一点意见》，《唯识学问题研究·唯识学专集之六》，《现代佛教学术丛刊》第28册，第105页。

[5] 《唯识三十论颂》，《大正藏》第31卷，第60页上。

本识，能转变以下三种心色诸法，即异熟（第八识）、思量（第七识）、了别（第六识）。[1]守培以真如为“本识”，依真如生起种种法，亦可以归纳为八识。这样，守培是以“我意”诠释世亲的思想，然后再以此去批判护法。所以，印顺批判守培“然彼非真能知真谛者，第假真谛之名，欲以笼统之圆融，摧精微之法相耳”[2]，是有一定道理的。

印顺当时在闽南佛学院，他对守培的印象，受到当时闽院师生的影响。因为守培与象贤争辩唯识空有时，对唯识宗采取敌对的态度。守培在解说《八识规矩颂》时，依照自己的观点而强解一番，当时闽院师生都称他为知见不正的“外道”。[3]印顺正是在这种风气下，对守培进行反驳。印顺批判守培《读唯识新旧两译不同论后的一点意见》，分为三个方面。一、“不顾史实”，这是批判守培以《起信论》为“纯清洁白”大乘、护法则“玄色满面”等印度佛教史的误解；二、“未穷教理”，批判守培在教义理解方面的不足；三、“成见太深”，批判守培将所有错误尽归于护法。

印顺维护新译唯识的正确性，主张“约毕竟无性而说，则无佛性言，是究竟了义之说，非方便也”[4]，批判旧译“若立真如名阿摩罗识，应有生灭，应是有为所摄，名为识故”。同时，印顺当

---

[1] 守培：《读唯识新旧两译不同论后的一点意见》，《唯识学问题研究·唯识学专集之六》，《现代佛教学术丛刊》第 28 册，第 108 页。

[2] 印顺：《评破守培师之读唯识新旧两译不同论后的一点意见》，《唯识学问题研究·唯识学专集之六》，《现代佛教学术丛刊》第 28 册，第 124 页。

[3] 印顺：《悼念守培上人》，《华雨香云》，《妙云集》下编之十，第 350 页。

[4] 印顺：《评破守培师之读唯识新旧两译不同论后的一点意见》，《唯识学问题研究·唯识学专集之六》，《现代佛教学术丛刊》第 28 册，第 131 页。

时是从三论、唯识入门，1931 年，他学习太虚的融贯方法，创作《抉择三时教》，对于智光的三时教，唯识宗的三时教，抉择而予以融贯。[1]因此，印顺在阐释唯识的思想时，则融贯中观的立场。印顺从诸法实相出发，一切诸法所知性相，离于言说及假智诠，法尔如是，绝待绝待，有尚不有，岂容言空，迥绝二边，归无所得，是则有空，皆戏论也。印顺说：

> 依他起，即是法相；彼圆成实，即是法性。法性法相，二不相离，相不离体，体不离相，无相之体，世所无有。……依他起法，亦有亦空。云何名有？唯识所现性之相故。地上量智正所缘故，非惟俗有真不无故，毕竟空中宛然有故。云何名空？胜义谛中虚妄假故，法体离言非情有故，非有似有如幻事故，宛然有中毕竟空故。无著依初，龙树依后，有空虽别，无所争竞。若言定有，则堕小乘，执有相法。若言定空，有所得大，恶取空见。[2]

印顺以法相与法性的关系，解释依他性与真实性。这样，依他性为毕竟空中宛然有，真实性为宛然有中毕竟空，真空不碍妙有，妙有不碍真空，最后落实到无著与龙树则无所竞争，二者都是从不同方面诠释了诸法实相。

而且，印顺从中观的立场解释三性、三无性，二者体一而义二，非互相破，而是相辅相成。三自性是表诠门，三无性是遮诠门。依他性、真实性是真实的法体，从理上自不可言，非有非无、

---

❶ 印顺：《游心法海六十年》，《华雨集》第 5 册，第 6 页。

❷ 印顺：《评破守培师之读唯识新旧两译不同论后的一点意见》，《唯识学问题研究·唯识学专集之六》，《现代佛教学术丛刊》第 28 册，第 132 页。

非非有非无、非亦有亦无，性相具足，真实不虚而不是空花。但是，凡情不能正确理解，于是在依他性、真实性增益成分别性；所以，诸圣者慈悲，说三无性，遣除增益的邪见，显现诸法实相。

所以，守培是“旧译无一非处，新译无一是处”，而印顺则“旧的都错，新的都对”。但是，二者的基本立场不同，守培是从《起信论》《楞严经》等真常唯心思想出发，对旧译进行解释，对新译进行批判；印顺则是从中观的缘起性空出发，而且对唯识进行融贯与诠释。

守培与印顺的论争，是重“信”与重“解”的论争，一位耆宿僧宝，见解独特；一位学界新秀，崭露头角，敢于挑战权威。这次论争的结果，引起印顺内心的反省：

> 这是千百年来的老问题，旧译与新译的思想对立，难道都出于译者的意见？还是远源于印度论师的不同见解，或论师所依的经典不同呢？这是佛法中的大问题，我没有充分理解，又那里能够决了！❶

印顺对守培的论争，虽然具有一定的理论依据，但是很大一部分出于意气。所以，这次论争让他反思到自己对旧译的不足，亦让他生起自求充实的愿望，所以才到普陀山阅藏。

同时，这次论争引发了印顺对旧译的重视与同情。1941年，他为演培、妙钦、文慧讲《摄论》时，便渐渐树立了他的“中间路线”：

> 尝以今之学者，多偏据奘传之说，于《摄论》本义多昧，乃亦乐为一谈。依《世亲释》通无著《论》，间取《中边》《庄严》为之证。如种识辨三相，陀那即末那，染意

❶ 印顺：《游心法海六十年》，《华雨集》第5册，第8页。

缘种子，自心为本质，见相成唯识，遍计依他等如幻，依他具二分，镜智体常住：异义纷披，每异奘传之说。[1]

印顺在《摄大乘论讲记》《如来藏之研究》等书中表达了他对旧译的观点：真谛将如来藏学糅入瑜伽学，如《摄论释》；将瑜伽学糅入如来藏学，如《佛性论》：真谛存有调和二系的意图。调和二系的基本原理，是出于《摄大乘论》的，真谛是将《摄大乘论》的微言，引申而充分表显出来。[2]

印顺出版《摄大乘论讲记》后，曾经请教于守培；守培亦回了一封信，表示他自己的意见。另外，守培亦曾经批评印顺《中观今论》为"中道的方法论"，并且引用了"不偏之为中""未发之为中"来解释中道。可见，法义的论争，互相发扬问难，使佛法的真义更加发扬光大。

## 三、结语

唯识学在近代的复兴与弘扬，使人们对唯识教典、义理有深入的整理、研究、阐述。继唐初新旧唯识不同的整理与归纳之后，在民国年间引发了一场论争。1931年，梅光羲在《海潮音》发表了《相宗新旧两译不同论》，太虚在《海潮音》同时发表了《相宗新旧两译不同论书后》。于是，引起当时佛学界的论争，守培写了《读唯识新旧两译不同论后的一点意见》，一一加以辨正，以为地论学派、摄论学派的思想是正确，而玄奘所传的唯识今学则是不对；印顺则为唯识宗作辩，反其道而行之，"旧的都错，新的都

[1] 印顺：《〈摄大乘论讲记〉弁言》，《华雨集》第5册，第192页。

[2] 印顺：《论三谛三智与赖耶真妄》，《华雨集》第5册，第115页。

对”，二人便有一段文字争辩因缘。

梅光羲以安慧、真谛之学为“过渡唯识学”，护法则是唯识学发展的最高阶段。太虚则以菩提流支所传译为“泛世亲学”，真谛则误传了世亲的思想。守培是从《起信论》《楞严经》等真常唯心思想出发，对旧译进行“我意”的解释，对新译进行批判，“旧译无一非处，新译无一是处”。印顺则维护新译唯识的立场，“旧的都错，新的都对”；从中观的缘起性空出发，对唯识进行融贯与诠释。这次论争引发了印顺对旧译的重视与同情，最终确立了他对旧译唯识的“中间路线”。

梅光羲（1878—1947）：字撷芸，江西南昌人；1901年，经同乡桂伯华介绍，结识杨仁山居士；1910年后，专研唯识，乃杨仁山诸多弟子中较早研习唯识者。著作以唯识类为主，主要有：《相宗纲要（正续编）》《百法义录》《大乘相宗十胜论》《相宗史传略录》等。

梅光羲的著作，正式公开出版的主要有：石沅明整理的《梅光羲著述集》（东方出版社，2014年），收集颇全；另有王彬选编的《梅光羲文集》（商务印书馆，2018年），但此书未收入《〈法苑义林章·唯识章〉注》这一重要著作。本次选编分两大部分：

一、《〈法苑义林章·唯识章〉注》：窥基法师原以“十门辨释”唯识义，故编者依此“十门”将梅光羲的注文分为十章，各章标出章名，如此则全书纲目清晰。其中，第一章“出体”的大部分内容，作者曾以《五重唯识观注》为题，单独发表过。

二、“相宗新旧两译不同”的学术争论史：1931年梅光羲在《海潮音》上发表《相宗新旧两译不同论》一文，太虚法师随即提出批评，而守培法师对梅光羲文和太虚法师文都提出了批评；此后，印顺法师与守培法师又相互辩论，后来印顺法师在《悼念守培上人》一文中，如是反思到，“我与守老的诤辩，空热闹一场，回想起来，当然是多余的了！然我对于守老，读了他几本书，知道得更多一点，生起一种更良好的印象。觉得守老是直从经典中探索出来，他是有所见的，是笃于所信的，忠于所学的。”最后收入圣凯法师的《民国年间新旧唯识之论争》一文。

我思
敢于运用你的理智
崇文书局·我思图书

## 唯识学丛书

## 徐梵澄系列著作

尼采自传（德译汉）
薄伽梵歌（梵译汉）
玄理参同（英译汉并疏释）
陆王学述（简体本）
老子臆解（繁体横排本）
薄伽梵歌（印度版影印）
孙波：徐梵澄传（修订版）

## 禅解儒道丛书

憨山大师：老子道德经解
憨山大师：庄子内篇注
蕅益大师：四书蕅益解
蕅益大师：周易禅解
马 一 浮：老子注
章 太 炎：齐物论释
杨 仁 山：经典发隐
欧阳竟无：孔学杂者

## 经典维新丛书

熊十力：新唯识论（批评本）
马一浮：泰和宜山会语 法数钩玄
汤用彤：汤用彤讲西方哲学
胡 适：说儒
国学到底是什么
阳明心学得失论

## 太古丛书

谭嗣同：揭乡愿与大盗——仁学
梁启超：国民自新之路——新民说
章太炎：学问与革命——章太炎文选
鲁 迅：解剖我自己——坟 热风